DE PIERRE ET D'EAU...

VENISE ET LA VÉNÉTIE

PHOTOGRAPHIES DE
SONJA BULLATY
ET
ANGELO LOMEO

TEXTE DE
SYLVIE DURASTANTI

ÉDITIONS ABBEVILLE
NEW YORK - PARIS - LONDRES

JAQUETTE :

VUES DU GRAND CANAL SUR DES FAÇADES (DE STYLE) GOTHIQUE ET RENAISSANCE, VENISE

PAGE 1 :

MASQUE DE CARNAVAL, VENISE

FRONTISPICE :

REFLETS SUR CANAL, VENISE

À DROITE :

CERISIERS EN FLEURS AU PRINTEMPS, NEGRAR

PAGES 6 ET 7 :

LA SALUTE, VENISE

Mis en page de la version française : Studio X-Act, Paris

Dépôt légal 2e semestre 1998
ISBN 2-87946-152-9
Imprimé au Japon

SOMMAIRE

SÉRÉNISSIME VENISE

PAGES 8 ET 9:
GONDOLES
DEVANT
SAN GIORGIO
MAGGIORE

◆ ◆ ◆

Venise

LE PALAIS
DES DOGES
ENVAHI
PAR LES EAUX

◆ ◆ ◆

Venise

« Où va-t-on quand on veut du jour au lendemain échapper à l'ordinaire, trouver l'incomparable, la fabuleuse merveille ? »

À cette question posée par Thomas Mann, certains répondront : vers des terres inexplorées, vers des zones laissées vierges sur les cartes, si rares soient-elles aujourd'hui. Et surtout pas vers des lieux repérés, déjà usés par les regards et les paroles de tous ceux qui s'y sont succédés. Face à Venise, donc, deux attitudes sont possibles. Poussée à l'extrême, l'une serait celle de l'approche révérencielle avec son cortège d'érudition obligée et de références innombrables, qui est littéralement infinie : elle exigerait de tout savoir sur Venise afin de l'approcher. L'autre approche serait celle de la naïveté, de l'œil vierge, de l'oreille fermée au passé. Mais comment éviter les évocations de cette ville que l'on trouve au détour des pages d'innombrables écrivains, de James à Proust, de Hofmannsthal à Hemingway ? Venise a été peinte, décrite, évoquée et commentée jusqu'à la nausée. Pourtant, il est des lieux si complexes que d'innombrables regards n'ont pu que les effleurer, et d'innombrables paroles, que les voiler d'un film qui en accroît le mystère. Venise est de ces lieux, ne serait-ce que parce qu'elle est une cité composite : à parts égales, ville de pierre et d'eau, ville lagunaire par excellence.

Entourée, sillonnée et même saturée d'eau, Venise n'est pas fermement arrimée à la terre par de banales et fermes fondations. Comment cette cité de pierre peut-elle n'être qu'un précaire radeau, une plateforme flottante aménagée sur plus d'une centaine d'îlots, séparés par quelque deux cents canaux, enjambés de près de quatre cents ponts ? Il nous est donné d'assister à ce tardif prodige : cette massive cité de pierre est tout juste posée sur les eaux. Et pourtant, elle flotte… Mais pour combien de temps encore ?

Elle est doublement isolée : tant de la terre ferme et du reste de la Vénétie que de la mer Adriatique. Sa lagune est fermée par un cordon littoral de fragiles bancs de sables, coupés de trois passes, trois graus : le Porto del Lido, le Porto di Malamocco, et le Porto di Chioggia. Cette immense lagune de près de cinq cents kilomètres carrés est pour une part *laguna morta*, lagune morte, et envahie seulement à marée haute par les eaux, et pour une part *laguna viva*, lagune vive et navigable par des chenaux ponctués de balises, les *bricole*. Par là, Venise n'est pas seulement un paysage naturel, c'est surtout un paysage profondément façonné par l'homme. Porter sur la lagune un regard naïf, c'est risquer de n'y voir que marécages plus ou moins salubres, mer plus ou moins morte. Mais devant ces marécages, il faut repenser à ce qu'a pu écrire Lévi-Strauss d'un paysage qui paraît aujourd'hui aussi naturel que la montagne européenne, et qui n'est que le fruit de patients et obstinés aménagements. Venise a été gagnée sur les marécages et farouchement défendue contre la mer. Elle risque de disparaître envasée. Toute la zone lagunaire est éminemment exposée au phénomène de subsidence : en termes plus prosaïques, à l'affaissement qui frappe l'écorce de la croûte terrestre, et la soumet inexorablement à la domination de l'élément marin. Aussi Venise disparaît-elle sous nos yeux, ce qui frappe les uns d'angoisse et les autres de désespoir. Pourtant, la décrépitude n'est pas forcément synonyme de mort, elle peut être aussi promesse de survie. Et à Venise, la survie s'accorde admirablement à un certain suspens du temps.

Venise a des partisans inconditionnels et des adversaires farouches : pour les uns, ses palais restent suspendus dans le temps avec sérénité ; pour les autres, ses masques et ses façades écaillées ne signifient que duplicité, et sa langueur que marasme. Ceux qui lui sont hostiles ne voient en elle qu'une ville pétrifiée, dure et étouffante, croupissant dans une insalubre maremme. Ceux qui en sont amoureux y voient une cité poreuse, aquatique, baignée et constamment revivifiée par les éléments – presque aérienne. Pour ses détracteurs, Venise naquit, s'étiola et agonise dans la lagune morte. Pour ses admirateurs, elle émergea, prospéra et perdure dans la lagune vive – non sans peine. Quand Attila ravagea Aquilée, les survivants se réfugièrent à Torcello. Venise a pour aïeule Aquilée, et pour mère Torcello. Ceux qui furent refoulés du petit port d'Aquilée jusque dans la peu profonde lagune formée par l'estuaire de la Piave, de la Brente et du Sile, et sur la minuscule île de Torcello, durent rapidement essaimer dans d'autres îles. Un siècle après que les rescapés s'y étaient installés, les îles furent colonisées par Byzance. Deux siècles après, fut érigée la cathédrale de Torcello. Trois siècles après, Venise s'affranchit en partie de Byzance, et quatre siècles après, elle érigea un premier sanctuaire voué à saint Marc, dont deux marchands vénitiens avaient ramené la dépouille d'Alexandrie. Au cours des siècles suivant, les ingénieurs vénitiens luttèrent contre l'engorgement de la lagune en détournant le cours des trois rivières formant l'estuaire, fermèrent certains des chenaux naturels pour éviter les risques d'inondation, et renforcèrent les *lidi*, les fragiles bancs de sable exposés à l'attaque de la mer, de murets en pierre d'Istrie, les *murazzi*.

Selon donc que l'on l'approche par voie de terre, d'air ou de mer, on la trouvera assise, couchée ou dressée sur les eaux de sa lagune, au

VUE DU CAMPANILE SUR LES DÔMES DE SAINT-MARC

◆ ◆ ◆

Venise

cœur de ses paluds gris et verts, au sein de son bourbier natal verdâtre strié de rose par le sel… C'est dire si Venise est ondoyante et diverse en son être même. Comme l'a si bien vu Paul Morand, en empruntant l'expression à Proust, elle renferme d'innombrables possibles : autant de *Venises*, de Venise multiple, car insaisissable.

Mais quelle fut-elle, avant d'être telle qu'en elle-même, l'éternité la change et la laisse ? Sans doute a-t-il fallu que ceux qui échouèrent là où il n'y avait même pas de terre pour les accueillir ne sussent plus à quel saint se vouer pour tenter de trouver un havre en ces parages marécageux et insalubres, de bivouaquer au sein même d'éléments hostiles et de jeter sur le sable et la boue les fondements d'une cité. Est-ce en mémoire de ces tout premiers Vénitiens que l'une des églises est vouée à saint-Georges-des-Algues-Marines ? Il revient à Ruskin, qui s'est efforcé de célébrer les vestiges de cette Bible de pierre dans la Bible de papier qu'il a intitulée *Les Pierres de Venise*, d'avoir imaginé les temps lointains où se produisit l'avènement de Venise. Ruskin s'est transporté en esprit au-dessus des terres et dans les profondeurs des siècles antérieurs, pour en tirer une vue cavalière : une vision d'amoureux, à la fois aérienne et fantasmatique, de la plaine vénitienne. Aux yeux de celui qui l'aima tant, ce paysage inhospitalier et même hostile aux hommes, sablonneux et mouvant est une sorte d'interzone composite et traîtresse où la terre n'a rien de ferme, étant constamment rebalayée et minée par le flux et le reflux des vagues. Tel qu'il fut campé par Ruskin, le décor qui fut celui de la préhistoire de Venise pourrait être jalousé par le Chateaubriand des *Mémoires d'Outre-tombe*. En effet, la vision ruskinienne de l'émergence de Venise hors de son bourbier natal oppose admirablement d'infimes et presque intimes notations, qui toutes accusent la désolation des lieux et l'absence de l'homme, à la cassure instaurée par l'irruption d'un événement historique : le geste qui établit la fondation de Torcello. Au fond, ce paysage sauvage et triste est outrageusement romantique.

« Au milieu de l'effrayant silence qu'interrompt seul le bruit des petits ruisseaux salés tombant dans des flaques sans marée, ou les cris interrogateurs des mouettes », des hommes travaillés par l'obsession d'échapper aux Vandales décidèrent de se tapir au cœur des marécages parsemés d'îlots. Il ne faut pas faire un trop rude effort d'imagination pour se figurer « ceux qui enfoncèrent les premiers pieux dans ce sable et qui construisirent leur retraite parmi les roseaux ». Il suffit simplement de s'arracher à la contemplation des « superbes palais » qu'élevèrent leurs descendants, une fois devenus « maîtres de la mer » ; il suffit de s'écarter un peu de la ville aux canaux et aux bâtisses de pierre, de se déprendre de ses fastes et de ses lumières ; il suffit en somme de survoler les marécages cendreux où la végétation marine se marie à la flore paludéenne, les algues, les varechs et les lichens s'entretissant entre les canisses en un épais matelas, rembourré de coquillages et croûté de sel. Comme Ruskin, on pourra alors voir ce que virent ceux qui s'y réfugièrent : des lieux inhabités, où l'on viendrait malaisément leur chercher noise. Ils s'y aménagèrent un premier habitat de fortune : tel un radeau menacé, toujours flottant et toujours menacé de sombrer, mais si parfaitement fondu dans le décor qu'il leur permettrait de survivre…

Le bois étant rare sur ces îlots, ils tirèrent parti de ce qui s'offrait à eux : ils jetèrent un entrelacs de branchages et de roseaux sur le matelas spongieux de limon et de tourbe, d'algues et de varechs enchevêtrés, avant d'équarrir grossièrement des pieux qu'ils enfoncèrent dans le sable afin d'assujettir la terre – ou du moins, ce qui allait leur tenir lieu de terre. Il ne fallut, paraît-il, pas moins d'un million de pieux pour former l'assise de la Salute. Cette ville que D.H. Lawrence qualifiera de « cité glissante » n'est pour sa population aquatique qu'une simple « forêt de pieux ».

Après avoir tenté de se figurer avec Ruskin ce que fut Venise, on peut vouloir comprendre ce qu'elle est devenue. Elle pouvait tirer parti de la mer, et de ses ressources. Des eaux salées et poissonneuses, elle tira sa subsistance et son commerce : poissons, sel et vaisseaux, selon le témoignage de Cassiodore. Des marécages sauvages et des branlants pilotis qu'imagineraient plus tard Ruskin, un voyageur étranger tel que Philippe de Commynes voit surgir avec stupéfaction sur une mer « fort plate », « grand maisonnement en l'eau ». Telle est déjà au XVe siècle et telle sera désormais Venise, d'une parfaite urbanité en pleine mer. Cependant, la configuration de la ville est d'abord celle d'une cité commerçante : on peut être exaspéré de la voir aujourd'hui muséifiée, mais le fait est qu'elle n'est pas au premier chef une ville de musées. D'innombrables visiteurs, tel Proust, se sont émerveillés des surprises qu'y ménage la circulation : au détour d'étroits canaux, au fin fond des plus modestes quartiers, se déploie tout à coup un vaste *campo*, où se dresse une église superbe ou un palais décati. Cette disposition déconcertante est liée au fait que son commerce se fit sur les *campi*, sous des halles et des arcades, et exigea la construction d'entrepôts et d'arsenaux avant de permettre celle des palais. Aussi son architecture est-elle plus éclatée qu'on ne le croirait tant qu'on reste dans l'étroit périmètre de la Place Saint-Marc…

Trois siècles après la vision ébahie qu'en eut Commynes, la renommée de la cité est déjà tellement répandue et son image tellement galvaudée, que sa découverte proprement dite n'est plus aussi saisissante pour Charles de Brosses, qui note dans l'une de ses *Lettres* : « À vous dire vrai, l'abord de cette ville ne me surprit pas autant que je m'y attendais… Mais aussi quand on y est une fois, qu'on voit sortir de l'eau de tous côtés des palais, des églises, des rues, des villes entières, car il n'y en a pas pour une ; enfin, de ne pouvoir faire un pas dans une ville sans avoir le pied dans la mer, c'est une chose, à mon gré, si surprenante, qu'aujourd'hui j'y suis moins fait que le premier jour… » Cas exemplaire de surprise à retardement! Et, faut-il ajouter, de surprise renouvelée à l'infini, à l'occasion des plus petits détails de la vie quotidienne : « Tout s'y passe doucement dans l'eau, et je crois que l'on ronflerait fort bien au milieu du marché aux herbes. » C'est supposer que la criée soit plus mélodieuse que tonitruante. Est-ce à force de vivre quasi immergé dans ces eaux glissantes, fluctuantes, clapotantes, que naquit l'accent mouillé des Vénitiens, et leur dialecte qui élève le zézaiement au rang de parler noble, en multipliant les Z ? « Avec ses douces élisions, ses étranges transpositions, son aimable mépris des consonnes et autres désagréments », ce « délicieux langage fluide » résonnait parfaitement, aux jours passés, sur l'eau paisible qui portait la voix fort loin. Au temps de Charles de Brosses, il n'y avait guère que les gondoliers pour alimenter la rumeur de Venise ; et le caractère, vivant et exclusivement humain de cet arrière-fond sonore, où ne se faisait encore entendre aucun bruit mécanique, contribuait largement à faire un havre de silence d'une ville où les sons se trouvent à la fois propagés et amortis par les eaux. (Cette ville resterait « superlativement la cité de la conversation », aussi tardivement qu'au début du XXe siècle, aux oreilles d'Henry James.) Charles de Brosses se défendait de tomber dans les travers des voyageurs décrivant sur un ton « emphatique » les choses les plus quelconques, quitte à passer sous silence « tout ce qu'il leur en a coûté pour jouir des choses vraiment curieuses ». L'intérêt du regard qu'il porte sur les mœurs vénitiennes, c'est qu'il ne se veut ni original à tous crins, ni partialement sélectif. En revanche, il ne craint pas de décrire en détail ce qui lui semble ne pas avoir été dépeint avec justesse par les curieux qui l'ont précédé. À l'en croire, la gondole est le véhicule idéal : « C'est un bâtiment long et étroit comme un poisson, à peu près comme un requin ; au milieu est posée une espèce de caisse de carrosse, basse, faite en berlingot, et du double plus long qu'un vis-à-vis ; il n'y a qu'une seule portière au devant, par où l'on entre. Il y a place pour deux dans le fond, et pour deux autres de chaque côté, sur une banquette qui y règne, mais qui ne sert presque jamais que pour étendre les pieds de ceux qui sont dans le fond. Tout cela est ouvert de trois côtés, comme nos carrosses, et se ferme quand on veut, soit par des glaces, soit par des panneaux de bois recouverts de drap noir, qu'on fait glisser sur des coulisses, ou rentrer par le côté dans le corps de la gondole… Le bec d'avant de la gondole est armé d'un grand fer en col de grue, garni de six larges dents de fer. Cela sert à la tenir en équilibre, et je compare ce fer à la gueule ouverte du requin, bien que cela y ressemble comme un moulin à vent. Tout le bateau est peint en noir et verni ; la caisse doublée de velours noir en dedans et de drap noir en dehors, avec les coussins de maroquin de même couleur… » Dans ce véhicule à l'étrange anatomie, l'on se trouve « comme dans sa chambre, à lire, écrire, converser, caresser sa maîtresse, manger, boire, etc., toujours faisant des visites par la ville », grâce aux services d'un gondolier capable de s'extraire des pires embarras de la circulation aquatique en mettant à profit « la flexibilité de l'eau ».

Brosses traverse la Sérénissime en 1739. En 1749, Fielding note en passant dans *Tom Jones* que tous ceux désireux de voyager afin de découvrir des mœurs variées « pourraient s'épargner bien des peines en se rendant simplement au Carnaval de Venise », qui rassemble déjà tout ce qui peut se voir dans les diverses cours d'Europe. En 1787, paraissent les *Mémoires* de Goldoni. Écrit par un natif de Venise, qui y vécut trente-quatre ans, sur les cinquante-trois ans qu'il passa en Italie, avant de vivre quelque trente ans en France et d'y mourir en 1793, ce témoignage est peut-être partial, mais il est signé d'un homme qui n'est pas resté confiné dans les frontières de son pays. « Toutes les villes du monde se ressemblent plus ou moins », alors que « Venise ne ressemble à aucune autre ». Comment ne pas le croire quand il affirme : « Les cartes, les plans, les modèles, les descriptions ne suffisent pas, il faut la voir. » Mais qu'y voit-il lui-même ? « Une étendue très considérable de petites îles si bien rapprochées et si bien réunies par des ponts », qu'on croirait « un continent élevé sur une plaine, et baigné de tous côtés » par « un marais très vaste plus ou moins couvert d'eau, à l'embouchure de plusieurs ports, avec des canaux profonds ». Arriver du côté de Saint-Marc, « à travers une quantité prodigieuse de bâtiments de toute espèce », débarquer sur la Piazzeta, emprunter les rues de la Merceria, et fouler des dalles de marbre d'Istrie, « piquetées à coups de ciseau pour empêcher qu'elles ne soient glissantes », c'est parcourir « un local qui représente une foire perpétuelle… » Et Goldoni vante l'ampleur du pont du Rialto, qui, d'une seule arche, enjambe le Grand Canal, permet à la fois le passage des barques et des bateaux, la circulation sur trois voies des passants, et offre « vingt-quatre boutiques avec logements et leurs toits couverts en plomb ». Il avait été construit en pierre d'Istrie entre 1588 et 1592, en lieu et place du vieux pont de bois visible dans *Le Miracle de la Sainte Croix* de Carpaccio, autour duquel s'était concentré le commerce, jusqu'à l'incendie de 1514, qui détruisit toutes les banques qui avaient prospéré alentours, avec les anciennes halles où se déchargeaient les balles de soies ou d'épices ramenées du lointain Orient. Goldoni raconte combien, dans son adolescence, alors qu'il venait tout juste de quitter Venise, il avait peur des chevaux, qui avaient été rapidement évincés de la ville par l'avènement de ponts de pierre surélevés au-dessus des eaux – lesquelles supplantèrent les sommaires passerelles de bois et qui favorisèrent le trafic des canaux et le développement des gondoles.

Dès 1850, dans *Italia*, Théophile Gautier remarque que l'on a tant usé et « abusé de la gondole dans les opéras comiques, les romances et les nouvelles », qu'elle mérite d'être plus précisément décrite. Renonçant à arpenter Venise à pied, il décrète tout bonnement que la ville est impraticable sans véhicule : « La ville est un madrépore dont la gondole est le mollusque. Elle seule peut serpenter à travers les réseaux inextricables et l'infinie capillarité des rues aquatiques. »

C'est pourtant en venant de Mestre par chemin de fer, et de nuit, que Gautier pénètre dans la ville désormais soudée à la terre ferme par un pont enjambant les eaux : « Des deux côtés, la lagune, avec ce noir mouillé plus sombre que l'obscurité même, s'étendait dans l'inconnu. » Arrivé au débarcadère, il s'entasse avec d'autres voyageurs dans une gondole omnibus, pour rejoindre l'*Auberge de l'Europe*, située à l'autre bout de la ville. Les lumières sont rares, et le ciel par moments déchiré d'éclairs marquant la fin d'un orage. Et parfois, lorsque la nuit l'emporte, la gondole enduite de goudron et peinte en noir doit fendre plusieurs « espèces de ténèbres, les ténèbres huileuses, humides et profondes de l'eau, les ténèbres tempétueuses du ciel nocturne et les ténèbres opaques des deux murailles » entre lesquelles elle file. Ainsi Gautier aborde-t-il Venise à l'envers : par ses coulisses, et à la faveur d'un « voyage dans le noir ». Et il a la sagesse d'attendre le matin pour ressortir, et découvrir enfin la chose au grand jour... Quand il entre à Saint-Marc, sa toute première impression est celle « d'une caverne incrustée d'or et de pierreries, splendide et sombre, à la fois étincelante et mystérieuse... » Il voit la lumière palpiter « comme sur les écailles d'un poisson » en effleurant les « petits cubes de cristal doré ». Et sous un soleil oblique, dans l'ombre épaissie, les figures « se troublent et se brouillent à l'œil. Les plis raides des dalmatiques semblent s'assouplir et flotter ». Brusquement animés, les « immobiles personnages byzantins » s'éveillent, « les yeux fixes remuent, les bras au geste égyptien s'agitent, les pieds scellés se mettent en marche ».

Dans *À la recherche du temps perdu*, on retrouve par moments la même vision. Comment s'en étonner ? En un sens, Venise est plus que toute autre une ville palimpseste : sans s'y annuler, les impressions des uns et des autres se recoupent et se recouvrent mieux qu'ailleurs dans notre mémoire. Ainsi, l'effet d'éblouissement, de vertige, de mirage

MARCHES LÉCHÉES
PAR LES EAUX
◆ ◆ ◆
Venise

causé à Gautier par Saint-Marc se retrouve fatalement décalqué chez Proust qui a trouvé là l'espace par excellence où « l'on ne sait où finit la terre, où commence l'eau », comme le dit Elstir. Pourquoi se défendre contre ce reflux d'images et d'impressions happées au fil des lectures, quand le décor lui-même exhibe tant de façades, de masques et de possibles reflets ? Mariant indifféremment le marbre et la pierre d'Istrie, la brique et le stuc, Venise a su faire feu de tout bois. À cette infinie marqueterie des matériaux originaux dont elle a fait fond, l'irrésistible entretissage de réminiscences livresques ou picturales, vécues ou recueillies répond parfaitement.

Il arrive au Narrateur de *À la recherche du temps perdu* d'explorer de petits canaux en gondole, de suivre « les détours de cette ville d'Orient » et de découvrir, au fin fond d'un « vieux quartier populeux et pauvre », un monument trop beau pour ne pas détonner avec le décor qui l'entoure : « petit temple d'ivoire avec ses ordres corinthiens et sa statue allégorique au fronton », mais absurdement doté pour tout péristyle « d'un quai de débarquement pour maraîchers ». Ailleurs, le Narrateur remonte en gondole le Grand Canal, entre des palais sur lesquels le couchant se reflète comme sur « une chaîne de falaises de marbre ». À côté de cette impression monumentale, le caractère inattendu, et presque décevant de la trouvaille du précieux petit temple oublié sur un quai sordide détonne extraordinairement. Elle révèle aussi l'un des grands charmes de Venise : l'incongruité des rapprochements fortuits opérés par le temps. Pareillement, quand le Narrateur se trouve « au milieu des quartiers nouveaux comme un personnage des Mille et une Nuits », il se perd dans un réseau extrêmement dense d'innombrables petites *calli*... Et là où rien n'en laissait supposer l'existence, lui apparaît au clair de lune « un vaste et somptueux campo », tout « entouré de charmants palais ». Là encore, les beautés de la cité naissent de ses disharmonies mêmes. Par ce trait, Venise est tout à l'opposé de Florence : elle n'a rien d'une ville d'art confite dans une esthétique étroite. Elle a pu susciter toute une littérature excessive, mais elle n'est jamais oppressante en elle-même. C'est d'ailleurs pourquoi on peut mieux qu'ailleurs s'y adonner au culte du détail, et se confier aux chemins de traverse.

Quelques années après Proust, Morand ne peut s'empêcher de comparer Venise à New York : il voit l'une étale dans sa lagune, et l'autre dressée dans le ciel. Et par un nouveau phénomène hallucinatoire, il croit voir l'une dans l'autre. Il imagine Venise « redevenant ce qu'elle avait été au XVe siècle, une sorte de Manhattan, de cité prédatrice, excessive, hurlante de prospérité, avec un Rialto qui était le Brooklyn Bridge de l'époque, un Grand Canal, sorte de Cinquième Avenue pour doges milliardaires ». Est-ce pour éviter l'angoisse que peut susciter cette ville léthargique, voire apathique, qu'il l'imagine aussi vulgairement dynamique ? Il est vrai qu'il est saisissant de voir tout le trafic qu'il s'y fait en *vaporetti*, en gondoles, en hors-bords et en barges. Tout passe par les voies d'eau : de l'acheminement des vivres à celui des matériaux ou des outils des travaux publics, des mariages aux corbillards, des taxis aux postes, du maintien de l'ordre à la voirie. Et comme le note Morand, Venise est une ville éminemment pratique : « avec ses ordures, Venise construit de nouvelles îles, mettant à profit ses excréments. » Tel est l'esprit de la « république de castors » que vit Goethe dans la Sérénissime.

La somptuaire ampleur des architectures de jadis, élargie par la décadence qui les a ruinées et vidées de tout superflu, ne laisse plus subsister que le pur luxe de l'espace, dans des palais dénudés de leurs ors et désormais réduits à de simples épures... Partout, à Venise, dans des demeures décrépites et ajourées de balcons délabrés et de colonnades rongées, on retrouve sans cesse une idée très orientale, chère aux nomades et accessible aux touristes migrant de çà de là : l'idée que les maisons ne sont pas forcément les tombeaux des vivants. Faut-il avoir grandi en habitant « sous de vastes portiques que les soleils marins teignaient de mille feux » pour se sentir indigène à Venise ? Cette question, on se la posera confusément en pénétrant dans San Giacomo dell'Orio et en découvrant, sous le plafond en carène, dans la pénombre, « de grands piliers droits et majestueux » qui transforment la chapelle en l'une de ces grottes basaltiques dont parle Baudelaire dans *La Vie antérieure*. Tout Venise est déjà là, dans l'amoncellement hétéroclite des colonnes, dont deux furent tout simplement volées à Constantinople, lors de la quatrième croisade. D'Annunzio l'a sûrement senti, lorsqu'il a vu dans l'une d'elles « la condensation fossilisée d'une immense forêt verdoyante ». Au fond, ce tronc fossilisé avant d'avoir connu sa parfaite arborescence n'est pas l'unique survivance d'une végétation plus étendue en largeur, qui aurait été ravagée par le temps. Il semble simplement émerger des profondeurs mêmes du sol, comme si la chapelle terrestre n'était que l'émergence d'une crypte palustre, soutenue par des pilotis coralliens. Comme si le végétal et le minéral s'étaient fondus pour produire Venise. Comme si la ville aérienne n'était que le reflet d'une cité engloutie, une ville inversée, surnageant encore pour quelques temps. Une ville aussi fidèle à ses origines marines et bourbeuses, élevée avec de simples clayons de cannisses, des pieux de bois grossièrement équarris, à grand renfort de digues de boue, de graviers, de lichens, d'algues et de coquilles, entassés pour lutter contre les plus impitoyables des éléments : la mer et l'air, et contre toutes les intempéries. Oui, Venise est un radeau, un radeau parfois alourdi, surchargé et tiré vers le fond par tout ce qui fut dit, écrit, et ressassé à son propos. Pour la voir telle qu'en elle-même, mieux vaut se laver les yeux. Et peut-être, d'abord, se tourner vers les peintres. Non vers les peintres qui fixèrent son image dans le temps, mais vers celui qui, plus que tout autre, sut l'arracher au temps. Venise est infiniment mieux restituée dans de simples esquisses d'un maître étranger qu'à travers les œuvres de peintres qu'elle hébergea plus longtemps, ou qu'elle vit naître. Canaletto ou Guardi ne seront d'aucun secours à ceux qui cherchent une Venise transhistorique, sans apprêt. Le nom de Canaletto est irrésistiblement lié à Venise, puisqu'il fut le maître des *vedute* et des *capricci*, des paysages peints d'après nature et des paysages parfaitement imaginaires. Mais comme Canaletto peignit surtout pour des mécènes anglais, il dilua rapidement sa palette dans la nacre, sacrifia les détails réalistes et les cadrages audacieux à de larges vues d'ensemble. Guardi, lui, fait partie de ces maîtres auxquels Proust reprocha d'avoir, en réaction contre la Venise factice, peint une Venise pseudo-réaliste : celle « des humbles *campi*, des petits *rii* abandonnés ».

En découvrant Venise, Turner trouva à la fois le décor avec lequel l'avait familiarisé l'Antiquité idéalisée du Lorrain et les effets d'atmosphère ou de lumière qui avaient fait la prédilection du maître qu'il s'était donné. Turner trouva des palais imaginaires et des ruines idéales, mais des ruines qui étaient et qui sont encore des ruines naissantes. C'est après sa découverte en 1819 du Campo Santo de Venise, que Turner alla en s'affranchissant de l'anecdote, du descriptif, du motif pour privilégier les effets de lumière. Sa vision de Venise n'est pas simplement impressionniste avant la lettre, elle est déjà abstraite et lyrique. Turner montre Venise flottante, miroitante, transverbérée, mais surtout affranchie du poids de toutes les images et de tous les propos qu'elle inspira. Sa Venise est une Venise presque immatérielle : purement atmosphérique, et pour ainsi dire suspendue entre les coups de lumière et les brumes de chaleur, entre les brouillards et le crachin.

Plus que toute autre ville, Venise est une ville où il faut se garder de suivre les sentiers battus, de rouler dans les ornières creusées par d'autres. Sinon, on n'y verra jamais que la ville bibelot, la ville curiosité, l'île fermée sur elle-même et interdite à l'étranger – en un mot le redoutable étouffoir qu'y vit un citadin-né comme Zola, qui estima impossible de s'y promener. Ses arguments frisent l'absurde et méritent d'être immédiatement versés au bêtisier suscité par Venise : « Une promenade à pied, une promenade en voiture ne sont pas possibles. Jamais le printemps ou l'automne (...) ; jamais un chemin creux, un sentier entre des haies, une route blanche parmi les blés. Pas un oiseau. (...) On refait le lendemain ce qu'on a fait la veille. » Raisonnement typique de touriste impénitent, pressé, ignorant des coutumes et plaisirs des gens du cru, et regrettant les sorties parisiennes ou les soirées de Médan. Qu'opposer à la mauvaise foi de Zola, qui ferait croire que Venise est une ville aride ? Mille autres témoignages, à commencer par celui d'Henry James, qui est le fruit de nombreuses visites : « Les jardins de Venise mériteraient une page à eux. » Cette page, James ne la leur a hélas pas vraiment consacrée. Mais par bonheur, ses *Heures italiennes* sont parsemées de petites annotations dont la brièveté même fait toute la valeur, car elles donnent une juste idée de l'émerveillement qu'offre le seul fait d'entrevoir une végétation précieuse : « Vous rebâtissez l'admirable demeure selon vos propres besoins ; vous allez vers l'arrière vous pencher à un balcon, vos yeux tombent sur l'un de ces petits jardins verdoyants dont la plupart de ces sortes d'établissements se trouvent être insolemment honorés, et vous finissez par estimer qu'il est honteux que ce ne soit pas vous qui soyez en sa possession. (Bien entendu, je tiens pour acquis que dans vos allées et venues vous ne cessez de vous installer et d'établir vos dieux ; car si cet innocent passe-temps, cet emprunt que fait l'esprit, n'est pas votre activité préférée, c'est qu'alors il y a une faille dans l'attrait que Venise exerce sur vous). »

Ce violent désir d'usurper la jouissance des lieux, qui met en branle l'imagination, est bien ce qui nous rapproche le plus de James. Sans cet aveu, nous ne pourrions nous le figurer autrement que comme un homme en noir, étranglé par un col dur, ou comme un estivant en costume clair, lorgnant à travers un pince-nez une Venise aussi spectaculaire que lointaine.

Évidemment, James est partial lorsqu'il évoque Venise. Toujours dans ses *Heures italiennes*, on trouve encore ceci dans la partie consacrée à Venise : « Quand j'entends, quand j'écris le nom magique que j'ai inscrit au début de ces pages (…) je vois simplement un étroit canal au cœur de la cité – une flaque d'eau verte et la surface rose d'un mur… Le rose du vieux mur paraît remplir l'espace ; il sombre dans l'opacité de l'eau. Derrière ce mur se trouve un jardin, hors duquel la longue tige d'une rose blanche de juin – les roses de Venise sont splendides – se projette en manière d'ornement spontané. »

Mais comme James lui-même, sans doute faut-il s'en remettre à Ruskin, pour échapper à la fascination de la ville-spectacle, où l'on ne peut guère être que tout ouïe, ou tout yeux. Peut-être faut-il encore se détourner de la Venise contemporaine, et se rapprocher de la première colonie qui fut fondée non loin d'elle.

Sur une petite île déserte de la lagune, parmi les décombres, les herbes folles rôties par l'ardeur du soleil et les algues croûtées de sel, Ruskin avise un « grossier campanile de briques », au milieu d'un pré « très vert, plein de lierre terrestre et de violettes ». Dans le tableau de cette petite île située à quelques encablures à peine de Venise, domine une verdure assez inattendue, pour ceux qui n'auraient pas encore traqué tous les jardins enfouis au cœur de la ville de pierre. Par ailleurs, Ruskin signale que d'ordinaire, afin d'accéder au campanile et aux bâtisses qui l'entourent, on aborde cette île par un autre côté : une anse couverte « d'un taillis d'aulnes », auquel succède un pré « fermé par une palissade brisée et par des haies de chèvrefeuille ». La fraîcheur de cette impression est sans doute ce qui poussa Henry James à remettre ses pas dans ceux de Ruskin, et, après avoir fait arrêter sa gondole dans une crique « peu profonde », à marcher « sur l'herbe le long d'une haie ». L'émotion qui le saisit alors lui tire cet aveu : « Le charme de certains terrains vagues herbeux, en Italie, bordés de masses de briques criblées par le soleil des siècles, est quelque chose que je renonce ici une fois pour toutes à exprimer. Mais on peut être sûr qu'à chaque fois que je mentionne un tel endroit, l'enchantement rôde autour de lui. » Il y a quelque chose de touchant à imaginer James fouler l'herbe en souliers de ville ; mais plus touchante encore que le renoncement à décrire le paysage est la confession de son enchantement. Pour lui qui décrit souvent Venise comme une pure vision embrassée d'un balcon ou dérobée au passage d'une gondole glissant sur les eaux du canal, une vision de pierre et d'eau parfois rehaussée de verdure et parfois embaumée d'effluves, cette nouvelle découverte constitue en quelque sorte l'un des rares moments où il franchit le cadre et pénètre dans ce qui serait autrement simple décor ou fabuleux spectacle. Il croise là un gamin pratiquement nu comme un petit sauvage, courottant « au milieu des buissons rabougris par l'air marin, sur la frange solitaire d'un monde décadent, à l'aube d'une destinée pleine de quelle lumière ou de quelles ténèbres ? » Et à la différence des innombrables petits Américains sitôt croisés, sitôt oubliés qu'il a pu voir, il n'oubliera plus « ce petit Éros illettré de la rive Adriatique ».

Chose frappante, c'est dans ce texte, intitulé : « Venise, une impression hâtive », que James déclare dès le troisième paragraphe : « Le simple usage des yeux est un bonheur suffisant, à Venise. » Et d'ajouter, en parlant de la magie opérée par la lumière : « Il faut voir sur place le matériau qu'elle traite : brique boueuse, marbre rongé et souillé, loques, crasse, délabrement. » Il avance alors que nul ne peut prétendre connaître Venise sans être allé là, dans cette petite île : à Torcello. Qu'y a-t-il donc à voir à Torcello ? Rien d'autre, en somme, « que la lumière ». Et à part ça ? Il y a ce que James présente et voit sans doute comme une espèce de non-paysage : « une sorte de banc de sable couvert de végétation, coupée d'une seule étroite voie aquatique qui fait office de canal », et parsemé de rares cabanes de pêcheurs ou de maraîchers. Quand le *vaporetto* fait retentir sa corne et heurte l'embarcadère, quand tombe la corde, et qu'on saute à terre, on emprunte le petit quai de pierre bordant le canal étroit, et le premier bonheur que l'on éprouve est celui de croiser un petit pont bossu, le Ponte del Diavolo ; et le dernier bonheur auquel on s'attendrait, si près de Venise, est bien celui de débarquer au bout du quai sur l'herbe haute du pré, avant de découvrir la petite tour qui s'y dresse. Une fois ce chemin parcouru, on comprend que l'enchantement évoqué par James est tout simplement celui de délasser ses yeux d'un pur « bain de lumière », de laisser son regard errer là où précisément rien ne se donne « à voir » ; c'est de cesser enfin d'être exclusivement tout ouïe ou tout yeux, et de s'abandonner à une pure impression cénesthésique : une impression floue et presque indemêlable, amalgame de tout un ensemble de vagues sensations internes. Le *vaporetto* est reparti, la rumeur de Venise s'est estompée, l'odeur de l'herbe foulée aux pieds se mêle à l'air salin, les autres ont disparu, et les choses se montrent dans leur dénuement. Quel meilleur préambule espérer, avant de pénétrer le sanctuaire ? Après le premier éblouissement, les yeux s'accoutument à la fraîcheur de l'obscurité, et alors qu'ils ne songent même plus à regarder, ils découvrent la haute et sombre silhouette de la *Madonna* ; dans son élongation, la *Madonna* byzantine de Torcello épouse de façon si saisissante la courbe de l'abside que, sans reculer d'un pas, on ne peut embrasser son regard baissé et sa main levée, ni la roideur et l'esseulement de cette grande figure fruste. Mais sitôt qu'on la découvre, on éprouve un sentiment que l'on ne ressentira jamais, par exemple à Madonna dell'Orto. (Sans doute faut-il se féliciter que cette jolie église gothique ait bénéficié d'un des premiers programmes de restauration entrepris après l'inondation de 1966. Mais même si l'on ignorait que la chose fut faite sous l'égide du comité britannique de sauvegarde de Venise, on pourrait le soupçonner, tant l'édifice, avec son plafond en carène, semble à présent parfaitement *shipshape* – rigoureusement briqué – comme un temple protestant où l'atmosphère de spiritualité semble raréfiée). Les colonnes de marbre grecques coiffées de chapiteaux byzantins, le pavement alternant le marbre et la mosaïque, la bouleversante *Madonna* et jusqu'aux petites frises figurant un jugement dernier de bandes dessinées, avec de naïfs serpents émergeant des orbites des têtes de mort, tout ce curieux collage laisse à penser que c'est bien là, à Torcello, que s'est joué l'avenir de Venise, comme Hemingway en eut l'intuition : « C'est un gars de Torcello qui faisait du trafic d'armes avec Alexandrie, qui découvrit le corps de saint Marc et le ramena en contrebande, sous une cargaison de porc frais, pour que les douaniers païens ne le repèrent pas. Ce garçon apporta la dépouille de saint Marc à Venise, et depuis le saint est devenu le patron de la ville, et les gens lui ont élevé une cathédrale. Mais, entre-temps, ils poussèrent leur commerce si loin en Orient que leur architecture est un peu trop byzantine à mon goût. Ils

ESCALIER EN SPIRALE DU PALAIS CONTARINI DEL BOVOLO

◆ ◆ ◆

Venise

n'ont jamais rien fait de mieux que ce qu'ils avaient d'abord bâti à Torcello. C'est là-bas, Torcello ! »

Dès l'instant où l'on voit les choses de Torcello, il semble tout à coup essentiel d'appréhender Venise non comme une cité dressée contre la mer, contre l'élément aquatique et les autres. Soudain, on peut la voir comme une île formée de multiples accrétions, comme une île parmi d'autres. Une île plus imposante que d'autres, parmi tout l'archipel d'îles ou d'îlots éparpillés dans la lagune. Et il semble essentiel aussi d'en reconnaître le caractère architectural éminemment composite, pour ne pas dire hétérogène. Sinon, comment y verrait-on le « trésor de fragments » dont parlait James à propos de Saint-Marc ? Renoncez à vous en faire une imagée composée, saisissez-en, à la dérobée, une image par ci, un écho par là, et confiez vos pas au hasard : un jour, vous verrez la pierre léchée par l'eau ou la brique rôtie par le soleil, le lendemain, la brique assombrie par la pluie et la pierre asséchée, et le surlendemain, toute la ville, lavée de frais et brillant à nouveau entre deux giboulées… Et gardez en mémoire toutes ces choses éparses et d'autant plus belles d'être telles : « vieilles plaques de marbre à l'allure branlante », « grands panneaux de basalte ou de jaspe », « tabernacles dont les portes entrouvertes révèlent une sombre image byzantine semée de joyaux sertis et mal ternis », et même, comme le dit James en personne, jusqu'aux « vieux bancs de marbre rouge… fixés à de larges pilastres dont la précieuse patine argentée, délicieuse dans ses bruns fanés recouverts d'un léger reflet gris » doit son charme à « son âge vénérable ». La perception qu'a de la ville Le Corbusier va dans le même sens. Utilisant « toutes les techniques, tous les matériaux », au fil des siècles, l'architecture vénitienne offre « toutes les divergences de point de vue, les oppositions, les renversements de pouvoir » dans le registre esthétique. Entre les styles successivement roman, byzantin et gothique de la basilique, roman, gothique et Renaissance du Palais Ducal, le style composite turco-gothico-Renaissance des Anciennes Procuraties, les colonnes byzantines d'Orient du lion de Saint-Marc et de Saint-Théodore, et le pur roman du Campanile, la Place compose « une symphonie organisée sur l'horizontale de la lagune », à laquelle Saint-Georges-Majeur apporte le point d'orgue de la Renaissance palladienne.

Si par hasard, dans vos pérégrinations, vous êtes flanqué d'un compagnon qui a besoin, pour apprécier quelque chose, de pouvoir tout embrasser dans une impression esthétique parfaitement pure, et qui se moque de votre passion du détail, laissez-le dire… Pour glaner à Venise tout un trésor d'impressions, mieux vaut y flâner avec le désœuvrement

MOSAÏQUES DE LA BASILIQUE SAINT-MARC

◆ ◆ ◆

Venise

STATUES DE LA FAÇADE
DE LA BASILIQUE SAINT-MARC
◆ ◆ ◆
Venise

et l'infinie patience d'un enfant marchant au long d'une plage, et ramassant pêle-mêle bouts de bois flotté, lichens et coquillages… Plaignez ceux qui n'ont pas la brusque impulsion de se déchausser dans les villas romaines de Pompéi ou d'Herculanum pour fouler de leurs pieds nus le sol de mosaïque qui a été froissé, plissé et creusé par les mouvements irrépressibles des vagues telluriques. Et à Saint-Marc ou ailleurs, éprouvez sous vos paumes l'irrégularité des cubes d'or bruni, et sous la plante de vos pieds, l'inégalité d'un sol qu'on devine perméable et spongieux. Car bien sûr, l'eau est toujours présente, menaçante, jusque dans Saint-Marc. Morand a vu dans cette basilique une « mosquée dont le pavement déclive et boursouflé ressemble à des tapis de prière juxtaposés » ; et aussi un terrain déformé par la poussée de lames de fond sans grande amplitude mais très obstinées et refluant sous la place Saint-Marc où, pour peu que les intempéries s'y prêtent, « l'eau sourd du joint des dalles ». Peut-être un jour verrez-vous un de ces ouvriers de voirie que partout ailleurs qu'à Venise, on pourrait appeler terrassier… jusqu'au moment où on les voit effectivement à l'œuvre. Celui qui travaillait sur la placette de San Barnaba était encaissé jusqu'aux épaules dans une petite tranchée cubique, creusée au beau milieu des dalles, à cinq mètres du canal. Mais autour de lui, plus on y plongeait le regard, plus la terre paraissait si visiblement gorgée d'eau, si intimement verdie et pétrie de vase, qu'on se serait attendu à voir l'eau sourdre et jaillir sous ses pieds. Immédiatement, on pouvait imaginer Venise engloutie. Ou, par un processus inverse, totalement asséchée. Si difficile à croire qu'elle puisse paraître, la chose s'est déjà vue : à la suite d'un tremblement de terre, au XIVe siècle, « pendant deux heures, le Grand Canal s'est trouvé à sec ».

Sans doute faut-il faire confiance à chacun de ceux qui vous diront quand et comment il faut voir Venise : à quelle heure, en quelle saison, en quelle compagnie. Sur ce chapitre, Whistler, aussi tranchant que d'ordinaire, ne vous décevra pas. Pour lui, « c'est après la pluie qu'il faut voir Venise ». Il n'a pas tort : la voir fraîchement lavée, c'est se ménager la chance de voir Byzance miroitant dans Venise.

Autrement amoureux d'une autre Venise – plus froide, plus hivernale : presque la Saint-Pétersbourg du Sud, à l'en croire – Joseph Brodsky, quant à lui, est d'un tout autre avis : en y arrivant pour la première fois par une nuit venteuse, il se trouve submergé par une extraordinaire impression de bonheur, dès l'instant où il flaire dans l'air « l'odeur des algues glacées ». Or cette odeur est pour lui « synonyme du bonheur » ; d'abord parce qu'en tant que poète, il est comblé par la sonorité de la même expression en russe, sa langue natale ; mais surtout pour une raison qu'il situe « au-delà des limites de la biographie, au-delà d'une structure génétique – quelque part dans l'hypothalamus qui conserve les impressions produites par leur milieu natal sur nos ancêtres les Cordés, par exemple sur cet ichthys qui a été à l'origine de notre civilisation ».

Et cette disposition triplement originale de descendant des Cordés, de Russe et d'exilé permet à Brodsky de goûter à Venise des plaisirs qui ne seraient pour d'autres que de simples inconvénients. Premier plaisir : la *nebbia* qui non seulement ouate toute la ville, mais suspend tout commerce et toute circulation. « Le brouillard est épais, aveuglant et immobile. Le dernier point est pourtant à votre avantage si vous sortez pour une courte exploration, acheter des cigarettes par exemple, car vous pourrez retourner sur vos pas par le tunnel que s'est foré dans le brouillard votre propre corps ; il peut rester ouvert une demi-heure durant. » Bénéfice secondaire : « Faute d'être né ici, vous pouvez tirer quelque orgueil de cette invisibilité partagée. » Deuxième plaisir : « *Acqua alta*, dit une voix à la radio, et le trafic humain descend au-dessous de l'étiage. Les rues se vident ; boutiques, bars, restaurants et *trattorias* baissent leur rideau. Seules les enseignes restent allumées, s'autorisant enfin un peu de narcissisme tandis que le pavé fait, superficiellement, concurrence aux canaux. Les églises, pourtant, demeurent ouvertes, mais marcher sur les eaux n'étonne personne… » Troisième plaisir : « la plus pure des lumières d'hiver. Elle ne porte ni chaleur, ni énergie », les ayant abandonnées en cours de route. Elle est exténuée, « et vous sentez sa fatigue alors qu'elle se pose une heure encore sur les coquillages de marbre de San Zaccaria… » Si banals qu'ils soient pour des Vénitiens qui les voient revenir chaque hiver, ces plaisirs sont des plaisirs rares.

Comme on le voit, le radeau vénitien pourrait peu à peu sombrer sous un entassement de citations. Chacun a sa Venise, chacun défend sa vision. Mais l'accumulation même de ces visions contradictoires est étonnamment ressemblante à Venise, à son architecture faite de bric et de broc, de brique et de marbre, de stucs et de mosaïques…

Entre mille autres plaisirs, qui ont tous échappé à Zola, que mentionner ?

Ne peut-on sauter dans le *traghetto*, la navette menant des Zatterre aux Zitelle, et par un après-midi écrasé de soleil, passer sur la Giudecca ? La Giudecca doit-elle son nom aux « Giudei », aux Juifs qui y auraient été cantonnés, ou aux « giudicati », aux aristocrates qui y auraient été mis en quarantaine ? Les uns comme les autres y furent relégués. Juste inversion du sort dévolu à de tels lieux – c'est à la Giudecca qu'il faut venir, quand on étouffe dans Venise. De là, en se retournant vers les pontons ensoleillés qu'on vient de quitter, on a vraiment le sentiment délicieux de s'écarter du périmètre maudit de Saint-Marc, où s'écrasent les touristes. Que par les rues endormies, on pousse jusqu'au bout de l'île pour voir le *Mulino Stucky*, bel exemple d'architecture industrielle germanique, qui servit de moulin à grain de 1895 aux années 20… Ou qu'on profite immédiatement de la fraîcheur offerte par la petite église de Sant'Eufemia, incroyablement composite avec son portique du XVIe siècle, ses colonnes, sa nef du XIe siècle, et ses chapiteaux vénéto-byzantins… On ne résistera pas à l'envie de s'installer ensuite à la terrasse déserte du *Harry's Dolci* de la Giudecca, pour lire les journaux au bord du canal, tout en demandant *una spremuta* ou un thé glacé au garçon. Par pur plaisir, il posera devant vous la carafe embuée où les quarts de citron flottent dans le liquide ambré en annonçant : « *E per la Ziora, una bella garafa !* »

Ne peut-on aller errer dans les rues du Ghetto, si médiéval aux yeux de Théophile Gautier, et si moderne aux nôtres ? Pour Gautier, « Les ruelles se rétrécissaient de plus en plus ; les maisons se haussaient comme des Babels de taudis superposés… Plusieurs de ces maisons comptaient neuf étages, neuf zones de loques, d'ordures et d'industries immondes. (…) Ce quartier fétide et purulent, cette Cour des Miracles aquatiques était tout bonnement le Ghetto… qui a conservé la sordidité caractéristique du Moyen Âge. » Pour nous, quoi de plus familier que ces premiers gratte-ciel vénitiens, nés, comme les immeubles de rapport de la Rome antique, de la spéculation immobilière ? Et quoi de moins exotique que ce creuset ? Tel est le sens de *ghetto*, terme dérivé de *ghettar*, « fondre ». *Il Ghetto*, c'est la fonderie, le creuset où furent assignés tous ceux qui ne pouvaient se fondre au reste de la population. Entrez dans une *enoteca* ; commandez *un spuntino*, et mangez un morceau : soit de prosaïques *polpette*, petites croquettes de patates brûlantes, soit d'exotiques *nervi di bovi*, nerfs de bœuf blancs, lisses et nacrés, fins comme du catgut ; et arrosez le tout d'une *ombretta.* Si jamais le temps est à l'orage, ne vous laissez pas tenter par l'ardoise qui annonce fièrement : *panna montata alla vecchia maniera !* Le patron vous dirait d'aller faire un tour et de revenir un quart d'heure après ; quand vous reviendriez, il vous conseillerait de repartir ; et ainsi de suite, afin d'attendre que le temps tourne, faute de quoi il ferait tourner la crème fouettée !

Mais peut-être aurez-vous la chance d'arriver par un jour de chaleur dans San Michele, l'Île des Morts ? Après vous être rafraîchi sous le jet de la première fontaine venue, et avoir cherché la tombe de Pound ou de Stravinsky, peut-être trouverez-vous désertés les tréteaux sur lesquels des terrassiers viennent de déjeuner à l'ombre. Et, si vous n'êtes pas rebutés par la compagnie des absents, peut-être vous installerez-vous sur les bancs de bois pour manger une tomate à la croque au sel et de la *provolette affumicata* (également baptisée « couilles du Pape ») avec un quignon de pain, avant de boire une bonne goulée d'eau fraîche à la fontaine. En entendant les cigales chanter dans les cyprès, peut-être vous allongerez-vous sur le banc afin de vous reposer un instant. Et si vous n'êtes pas irrémédiablement nordique, peut-être comprendrez-vous enfin pourquoi les cimetières méditerranéens ressemblent davantage à des jardins à l'abandon. Peut-être sentirez-vous alors que l'un des secrets de cette civilisation est de maintenir une certaine fréquentation des morts, d'entretenir avec eux une certaine amitié, une certaine cohabitation. S'il vous est donné d'éprouver cela, vous serez en paix.

En revenant de San Michele vers Venise, peut-être verrez-vous d'un autre œil les masques et les *putti*. Peut-être aussi considérerez-vous avec plus de tendresse toutes les créatures du bestiaire vénitien. Aux proues ou aux flancs des gondoles se cabrent des hippocampes.

DANS LE SENS DES AIGUILLES D'UNE MONTRE, EN PARTANT DU HAUT À GAUCHE :

HORLOGE ZODIACALE
◆ ◆ ◆
Bassano del Grappa

HORLOGE DU CLOCHER DE SAN GIOVANNI
◆ ◆ ◆
Trévise

HORLOGE DE L'ARSENAL
◆ ◆ ◆
Venise

HORLOGE DE LA TOUR DE LA PIAZZA DEI SIGNORI
◆ ◆ ◆
Padoue

Aux portes de l'Arsenal, aux faîtes des colonnes, aux gueules des fontaines, aux frontons des édifices, campent d'innombrables lions : placides ou rugissants, ailés ou rampants, méditatifs ou agressifs, sauvages ou érudits. L'étrange n'est point tant ce foisonnement de chevaux et de dragons, de griffons et de lions, de sirènes et d'hippocampes, de phénix et de monstres marins. Dans cette ville où l'air est perpétuellement brassé par des volées de pigeons et parfois empuanti par le mélange de leurs fientes à l'urine des chats, il n'y a guère d'autres animaux. Voilà l'étrange. Hormis ces bêtes de pierre ou de stuc, peintes ou sculptées, finement gravées ou grossièrement taillées, aux mufles et aux gueules estampées par l'érosion des âges, tout ce bestiaire est largement imaginaire, voire purement fantastique. Le lion y voisine tout naturellement avec le phénix, le cheval avec le dragon. On pourrait penser que des marins revenus de lointains périples en ont fait accroire à leurs concitoyens, en décrivant de façon plus ou moins minutieuse des monstres inexistants. La vérité ne se limite peut-être pas à une explication aussi prosaïque. Avec la superbe indifférence qui leur fit amalgamer des styles parfaitement hétéroclites, pour composer leur ville composite, les Vénitiens ne mêlèrent-ils pas ce qu'ils avaient pu voir de leurs propres yeux, et ce dont ils avaient simplement ouï-dire, pour s'offrir un décor où s'estompent les frontières du rêve, du cauchemar et de la réalité ? En tout cas, il est des monstres qu'ils se sont bien gardés d'intégrer à leur bestiaire fantastique, sans doute parce qu'ils les ont trop vus depuis le siècle dernier. Ces monstres-là se déplacent en hordes et ne s'aventurent guère hors des sentiers balisés. Ce sont avant tout eux qu'il s'agit d'esquiver si l'on veut jouir de Venise. En revanche, ce qu'on ne peut esquiver, ce sont les ravages qui ont été accomplis pour les attirer. Parmi ces ravages, l'un des pires est celui effectué par les projecteurs illuminant les monuments à la nuit tombée. Il est bien loin, le temps où les plus passéistes et les plus romantiques des Vénitiens défilaient place Saint-Marc derrière une banderole portant ces simples mots : « Nous voulons la lune. » C'était en 1937, sous les yeux de Morand.

Évidemment, sans doute tiendrez-vous à vous écarter des hordes de touristes, de ces « excursionnistes à bon marché et autres intrus » que stigmatisait James, lorsque le tenaillait l'envie de vivre pleinement les moments où il se sentait « le plus audacieusement vénitien » : ces moments, il les situait par les nuits d'hiver, ou vers l'heure où il allait prendre le thé, par un temps maussade. Toutefois, dans ces moments d'élection, s'il tenait à éliminer de son champ de vision les touristes, il tenait tout autant à y conserver les Vénitiens. Tout ce qui est perçu comme banal doit disparaître. Soit. Mais en revanche, tout ce qui est perçu comme pittoresque doit servir de décor. Encore faut-il mesurer à quelles extrémités le dangereux partage fait entre le banal et le pittoresque conduit un amoureux de Venise tel que James. À son époque, il pouvait déjà constater le délabrement des maisons, la lourdeur des impôts et la rareté des débouchés qui sévissaient à Venise. Aussi en déduisait-il que la misère faisait partie du spectacle – voire du plaisir – offerts par Venise à tout amateur passionné. Aussi estimait-il que le menu peuple devait se satisfaire des privilèges que lui avait accordé la nature : aller et venir sous le soleil, barboter dans la lagune, et surtout se livrer aux joies d'une perpétuelle *conversazione*, en adoptant d'intéressantes poses, dans « d'éclatantes guenilles ». Aller et venir, barboter, converser, quoi de plus naturel ? Ce qui l'est moins, sans doute, c'est d'adopter des poses pour le bénéfice d'autrui, si amateur et si passionné soit-il. Il va de soit que le Vénitien ou la Vénitienne ne sont quant à eux qu'en mouvement ou en repos. Et que si pose il y a, elle est projetée par le regard de l'amateur passionné de pittoresque. Or cet amateur sacrifierait bien des choses au goût du pittoresque : tout en ayant conscience du fait que bien des Vénitiens de son époque ne mangent pas à leur faim, James se disculpe de porter sur eux un regard avide en notant qu'ils peuvent se sustenter de soleil, d'oisiveté, de conversation et de splendides décors. D'après lui, il faudrait force nourriture « pour faire un Américain accompli », et une simple « pincée de sensibilité aiguë » pour faire un Vénitien heureux. On peut pardonner à James le caractère spécieux de ce raisonnement, puisqu'il lui permet de placer le simple fait de séjourner à Venise et d'en goûter les menus plaisirs quotidiens au-dessus de la lecture de Ruskin, et même « des vieux récits ». Il n'en reste pas moins que dès l'instant où l'on reconduit la division entre pittoresque et banal, entre négligeable et spectaculaire, on ne peut que rater une bonne part de ce qui fait de Venise la nonpareille. Les amateurs de pittoresque ne devraient cependant pas oublier qu'ils n'y sont admis que par tolérance, comme l'a bien perçu Gautier. Ayant entendu parler de la soupe aux *pidocchi* d'un vieux pêcheur de l'île de San Pietro, au-delà des Giardini Publici et de la pointe de Quintavalle, tout au bout de la Riva dei Schiavoni, Gautier débarque chez lui et insiste pour se faire servir sous une tonnelle fleurant bon la vigne, le figuier et les fleurs de courge. Après la fameuse soupe aux *pidocchi*, il se fait servir des huîtres aux fines herbes, des écrevisses de mer, des soles et des muges au court bouillon, des rougets et des sardines frites, arrosés d'un Valpolicella et de Picolit. Il ne récrimine pas sur l'addition un peu salée, comprenant qu'en tant qu'étranger, on paye un bon tiers de plus que les gens du pays – « pour les frais de traduction ». On peut se demander comment après un tel festin, Gautier trouve encore l'énergie d'aller se traîner aux Giardini Publici. Mais il aime Venise, là est son secret. Et l'on ne peut que tenter de l'imiter : non seulement en faisant une promenade hygiénique, si on s'est laissé aller à tâter de l'anguille à la polenta, mais en gardant modestement conscience que pour être toléré dans Venise, un étranger doit savoir payer sans récriminer. Plus sobrement, on peut se contenter de quelques *tramezzini* à une terrasse ensoleillée, ou si l'on y tient, d'une de ces platées qui contiennent « tant de fruits de mer que les nouilles deviennent algues », si l'on veut sacrifier comme Paul Morand au génie du lieu.

Comme l'a noté James, immense est le simple plaisir de prononcer ou d'écrire le nom de cette ville. Encore ajoutait-il aussi après l'avoir mis en sous-titre de ses *Heures Italiennes* : « Je ne suis pas sûr qu'il n'y pas quelque impudence à prétendre y ajouter quoi que ce soit. »

Personne n'a su rendre ce sentiment d'être en un lieu insaisissable plus finement que Hofmannsthal, auteur d'*Andreas* et de *La lettre du dernier des Contarin*. Pour une part, *Andreas* est situé à Venise, mais presque dans une Venise de fantaisie, qui ne sert en quelque sorte que de décor commode aux mésaventures d'un jeune homme bien innocent. En revanche, *La lettre du dernier des Contarin*, autre texte inachevé d'Hofmannsthal, a saisi la quintessence de la fascination que peut exercer la ville. Par cette *Lettre*, le dernier descendant d'une illustrissime famille patricienne de Venise, « comte de l'Empire romain, etc. » et présentement « employé subalterne de la Poste royale italienne », refuse la donation offerte par un groupe d'amis trop bien intentionnés, à seule fin de lui permettre « de mener un train de vie conforme à son rang, et d'occuper l'étage principal de l'un des anciens palais Contarin sis sur le Grand Canal ». Dans la mesure où elle est inachevée, la *Lettre* proprement dite pourrait laisser à penser que le dernier représentant de la lignée des Contarin n'a qu'une susceptibilité froissée à opposer à ce maladroit geste de générosité. En effet, le bénéficiaire ou plutôt la victime de cette offre évoque d'abord l'heure lointaine où, vers quatorze ans, il savait déjà pouvoir prétendre épouser des princesses de sang et élisait dans le Gotha celles qui étaient parées de « noms de baptême les plus merveilleusement surannés comme de très vieux et sévères bijoux byzantins ». Alors qu'il se trouvait hébergé avec son père chez un de leurs parents, il comprit à travers les propos de simples domestiques que son père en était réduit à vivre de la charité d'autrui, et menait une existence de parasite. Si *La Lettre du dernier des Contarin* se limitait à cette explication, l'anecdote n'aurait qu'une valeur platement psychologique. Or trois brefs fragments, présentés à titre de notes et variantes, l'éclairent d'un autre jour. « Palais – domesticité – robes à traîne – dalles de marbre : tout cela, mes ancêtres, tout autant qu'autour d'eux, le possédaient en eux. » On pourrait ne voir dans cette invocation aux fastes du passé qu'un sursaut d'orgueil. Cependant, ajoute le dernier des Contarin, en parlant de ses prédécesseurs, « leur sang renfermait l'éclat métallique de ces choses, comme cette eau ces reflets d'argent, d'airain et de porphyre ». On pourrait n'entendre là que simple fantasme. Contarin ajoute toutefois : « Mon palais à moi, c'est mon destin. » À quoi peut donc ressembler un destin grevé de telles hypothèques ? Toute la question est là. Le second fragment est plus explicite. « Chaque objet que nous possédons ne fait en réalité qu'en évoquer et en remplacer un autre plus beau : chaque perle, chaque étoffe, chaque ruine antique et chaque maison est seulement un balcon d'où nos désirs contemplent l'infini, un trou de serrure par lequel nous entrevoyons le royaume enchanté des perles, des soieries et des statues antiques. » Il ne s'agit pas là de faire l'apologie de quelque rêve d'ascétisme au nom duquel le rejeton d'une grande famille déchue dédaignerait les avatars qu'offrent le présent et le réel, au bénéfice de richesses plus symboliques, plus insubstantielles et partant, inaltérables. Comme le précise le troisième fragment, il s'agit de ne pas se tromper de palais ; il s'agit de ne pas se tromper de destin. À cet égard, *La Lettre du dernier des Contarin* nous parle non pas du seul héros, mais de nous-mêmes, quand nous errons à travers Venise ou loin de Venise. « La possession du particulier sied à des âmes infiniment plus fraîches, plus naïves. » Et qui d'entre nous aurait effectivement la naïveté d'exercer sa possession sur telle ou telle chose, et de s'en satisfaire ? Ce n'est pas tant parce que pèse sur nous le poids du passé, ni même le poids de l'avenir. Plutôt parce que nous devons embrasser dans un même regard le marais et la ville, Venise et Porto Marghera, la Bible de pierre et la Bible de papier enluminée par le regard éminemment partial et délirant de Ruskin. Aussi faut-il nous rendre aux raisons du héros de Hofmannsthal : « Ce qui nous convient à nous, c'est la possession virtuelle du tout. » Aussi faut-il en convenir, avec le dernier des Contarin : « Je puise des rêves merveilleux dans l'entrepôt de soies et de dentelles de la *Venice Silk Company*, mais je ne saurais autour de quel cou disposer des perles. »

Il faut croire que le *Drang nach Süden*, l'élan vers le sud, qui attira Hofmannsthal vers Venise lui permit d'éprouver les délices et les affres d'une nostalgie endémique. Cette nostalgie n'est pas le banal mal du pays que peut éprouver tout émigré ou tout exilé languissant après la terre et le climat qu'il a connus, et qu'il rêve de retrouver. Elle est plutôt de l'ordre du désir impossible à satisfaire : on peut l'entendre décliner à l'état pur, par des autochtones, sur les lieux mêmes où ils ont toujours vécu. Elle se trouve à l'état natif sur tout le pourtour de la Méditerranée, et notamment dans n'importe quel village de Corse, mais aussi en plein Atlantique, et par exemple dans les petites îles du Cap Vert. Son refrain est toujours le même : « Que n'êtes-vous venus il y a trente ans ! » À ceci près qu'à Venise, le refrain chanté par les gens du cru

CAFÉS ET BOUTIQUES DES ARCADES
DE LA PLACE SAINT-MARC

◆ ◆ ◆

Venise

serait : « Que n'êtes-vous venus il y a trois siècles ! » Pour un peu, quand on vous le chante au Cap Vert, vous y croiriez : en découvrant des vallées par endroits parfaitement luxuriantes et par endroits rigoureusement pelées, vous demandez aux gens : Pourquoi ? « Que n'êtes-vous venus il y a trente ans ! », vous répond-on. « Le pays n'avait pas encore été dévasté par les chèvres, les montagnes étaient encore boisées, et la végétation arrêtait les nuages, déversant les pluies qui entretiennent la verdure. » Une fois rentrés chez vous, vous tombez un jour sur un texte où Darwin rapporte à peu près les mêmes réflexions. Et vous comprenez alors que ce réflexe indigène est au fond très bien intentionné.

Quand les gens du Nord touchent enfin aux terres rêvées, il importe, par pure délicatesse, de déplacer dans le temps l'Eden qu'ils voudraient embrasser dans l'espace. Telle est semble-t-il la leçon de *La Lettre du dernier des Contarin*. Andréas croit être dans Venise, mais Hofmannsthal, lui, n'ignore pas que Venise sera toujours ailleurs : plus loin dans le temps, même quand elle est là, tout près, dans l'espace.

Pour l'éprouver, pour la comprendre, il faut aussi courir le risque de voir la ville avec les yeux de ses pires détracteurs. Adossée à la *terra firma*, Venise est aussi une étouffante prison de pierre isolée par la mer, une ville-décor propice aux traîtrises, pleine de dangers et de mort, un cachot marécageux. À cet égard l'un des premiers mots arraché à Casanova dans ses *Mémoires* par sa ville natale en dit long. Cet « Adieu, Venise ! » est un véritable cri de haine, un cri d'exultation, à l'approche de la libération. Avant de le lancer, Casanova ne décrit guère Venise, qui a pour lui la force pénible d'une évidence à laquelle il faut s'arracher tant bien que mal. Et il faudra presque tout le déroulement de son récit et de sa vie pour qu'il évoque ce que fut pour lui Venise. Sans la décrire à proprement parler, il croit la reconnaître ailleurs, en un autre port méditerranéen, comme s'il ne pouvait l'évoquer qu'à travers la vision diffractée de la nostalgie. Cette Venise-là, la Sérénissime, n'a rien de serein ; ceux qui la trouveront sinistre (à la vue de la gueule d'ombre de la Bocca del Leone) ou grotesque (à la vue des draperies de marbre vert et blanc d'*I Gesuiti*) trouveront sans doute très juste le néologisme qu'elle a inspiré à Melville : *venitianly corrupt* (« d'une corruption toute vénitienne »). Si tel est leur sentiment profond, qu'ils se gardent d'y rester. Ils peuvent tout juste espérer rencontrer quelqu'un qui saura la leur montrer toute autre. Pour la trouver, il faut savoir s'en remettre à l'émotion. Proust dit-il autre chose, lorsque le Narrateur évoque l'émotion qui le saisit dans la Scuola dei Schiavoni, devant un tableau de Carpaccio, en reconnaissant, sur les épaules d'un compagnon de la *Calza*, le manteau que Fortuny a su en détacher « pour le jeter sur celles de tant de Parisiennes », et surtout sur celles d'Albertine ? Ou quand, dans le même tableau, les « hautes cheminées incrustées » lui rappellent aussitôt « tant de Venises de Whistler » ? Peut-on voir Venise autrement qu'avec les yeux du Narrateur pour la Fugitive ?

Dans son dernier roman, *Idoru*, William Gibson montre deux de ses héroïnes plongeant dans la Venise virtuelle d'un programme de simulation. La première a reçu ce programme pour l'anniversaire de ses treize ans : un aquatique dédale de ponts, d'arches, de murs et une Piazza aux façades de marbre, de porphyre, de granit poli, de jaspe et d'albâtre (avec les noms évocateurs des minéraux affichables à volonté sur le menu de vision périphérique). Elle sait même que Hitler (auquel les airs à la mode font parfois d'occasionnelles allusions, ce qui donne une vague idée de la personnalité de l'individu) aurait échappé à sa garde pour courir seul les rues de la ville au petit matin. « C'est un pays qui a existé », dit-elle à l'autre, qui lui demande : « Là où l'eau affleure au bas des portes et où les voies de communication sont des voies d'eau ? » À quoi elle répond : « La plus grande partie de la ville est à présent sous l'eau. » Pouvons-nous nous représenter autrement la Venise virtuelle, sinon comme le lointain reflet, la tremblante image numérique ressuscitant une cité fantôme ? La perspective de la disparition de Venise nous semble si improbable que nous ne l'imaginons que sur le mode de la catastrophe. Si jamais il advenait, cet événement ne surviendrait pas sur le mode de la catastrophe : il serait inexorable, mais lent. Nous avons tout loisir de voir agoniser Venise. Et si nous entrons dans Saint-Marc en gondole, nous pourrons nous pencher sur les eaux pour voir ce que nous sommes en train de perdre. À l'heure où la Venise réelle, depuis longtemps engloutie, sera rentrée dans l'élément qui la généra et la régénéra si longtemps, aucune Venise virtuelle ne pourra la supplanter. Selon Hazzlitt, seule une ville aérienne pourrait surpasser la cité aquatique. Afin de se préparer à ce jour, il faut s'intéresser aux charmes de tout ce qui, dans les environs de Venise, n'est pas elle. Dans la lagune même, on peut préférer au port d'opérette de Burano, avec ses maisons aux couleurs vives et ses échoppes débitant des dentelles mécaniques *made in Hong-Kong* ou *made in Taïwan*, le port de Chioggia : il suffit d'en traverser le marché au poisson pour comprendre comment Goldoni en tira l'idée de son *Baroufe à Chioggia*, l'une des plus drôles de ses comédies dites poissardes, tant elles restituent bien le parler et la malice de ce peuple de pêcheurs et de harengères. Peut-être préfèrera-t-on aller visiter, sous les cyprès de la paisible petite île de San Francesco del Deserto, le cloître du monastère franciscain. Ou encore, revenir à Torcello. Mais où que l'on aille dans la lagune, on doit, au moins une fois, tâcher de revenir au coucher du soleil, afin de se ménager l'un des plaisirs que connut Frédéric Rolfe, alias le Baron Corvo : celui d'« un monde crépusculaire fait d'un ciel sans nuages, d'une mer sans rides, où tout est mauve, lavande, héliotrope, tiède, liquide, limpide, coupé de bandes de cuivre bronzé, incrusté d'émeraudes, qui vont se fondre dans le bleu insondable d'yeux de paons rouants et fastueux, là où se lève la lune, rose comme la nacre ».

Peut-être un jour, rêverez-vous de poser le pied sur la *terra firma* : sachez que Venise elle-même a mis plusieurs siècles à se tourner vers son arrière-pays, à en drainer et en exploiter les terres marécageuses. Accordez-vous l'illusion d'être Vénitien, et concédez-vous les plaisirs estivaux des gens du cru, qui ne reviennent à Venise que l'hiver. Il en allait déjà ainsi, du temps de Gautier : « L'été, on va passer la villégiature dans des maisons de campagne, festonnées de vigne, au bord de la Brenta, ou dans de petites fermes agrestes du Frioul. » Si l'envie vous prend de marcher au sein de collines couvertes de vignobles et de cyprès, sachez qu'il est temps pour vous d'aller musarder du côté d'Asolo. Musarder se dit d'ailleurs très exactement en italien *asolare*, et ce n'est pas là l'un des hasards de la langue : le verbe est dérivé du nom de la ville, car le lieu s'y prête admirablement. Sans forcément remonter jusqu'à Asolo, c'est dans cet esprit de musarderie qu'il faut voir les villas palladiennes. Plus on en voit, et mieux on comprend la double nature de l'architecture qu'éleva l'aristocratie vénitienne au XVIe siècle : pratique ou somptuaire. Toutes ces villes furent conçues comme des villas non fortifiées : d'autres architectes que Palladio, tel Sansovino, ont su bâtir des palais en pleine campagne venète. Mais seul Palladio a su bâtir à peu de frais, en peu de temps, et s'inspirer des villas romaines pour créer un type d'édifice dont le reste de l'aristocratie occidentale allait s'engouer, avant de le copier de manière éhontée ou de l'adapter avec plus ou moins d'habileté durant les deux siècles qui suivirent. Sans doute Palladio bénéficia-t-il d'un environnement exceptionnel. Quand Charles de Brosses traverse le pays, il note : « Peut-être que le terrain qui est entre Vicence et Padoue vaut seul le voyage » en Italie, avec ses terres chargées de vignes grimpantes. Les villas palladiennes y sont soit de rustiques gentilhommières, créées par des gens qui entendaient vivre en fermiers, soit de luxueuses et ostentatoires demeures. Celles qui furent élevées dans des bourgs ou des faubourgs peuvent se targuer de deux étages et de porches à fronton en avancée. Celles à vocation plus paysanne, dressées sur de vastes propriétés, ont plus modestement un corps central d'un étage, flanqué de *barchesse*, ailes latérales qui servaient d'écuries, de remises ou de pigeonniers. Au pied d'Asolo, à Maser, la villa Barbaro voit sa vocation paysanne (avec ses *barchesse* vouées à abriter les bêtes) contrebalancée par un étage décoré de fresques de Véronèse, et de fausses fenêtres ménageant des perspectives imaginaires, par un nymphée et un *Tempio* qui abritait la chapelle de la famille Barbaro. À quinze kilomètres à peine de Venise, la Villa Foscari, dite la *Malcontenta*, dresse sa façade superbe au bord de la Brenta. Morand a vu la Brenta si polluée qu'il comprenait les pleurs des saules qui la bordent. Qu'eût-il dit, en voyant la *Malcontenta* entourée des raffineries de pétrole de Marghera, qui ont envahi les marais avoisinants ? L'option somptuaire poussée à son comble, c'est l'idéal du belvédère : la *Rotonda*, avec ses quatre porches permettant de jouir d'autant de vues. Mais, dira-t-on, il y a dix-neuf villas palladiennes en tout. À quoi on répondra : sur la *terra firma*, il y a aussi Vicence, Vérone, Padoue ! Et Trévise, Montagnana, Conegliano ! Et combien d'autres ! Bien sûr, qu'il faut voir Vicence... ne serait-ce que parce qu'avec sa campagne, elle abrite plus d'une dizaine de palais ou de bâtiments publics (aux intérieurs inachevés, mais aux superbes façades), une basilique et plusieurs villas (parfois ravagées par la guerre, le temps, et l'incurie de leurs propriétaires), tous édifices dûs à Palladio. Il faut voir Vérone. Ne serait-ce que parce qu'avec son amphithéâtre romain, l'Arena, (troisième au monde par son ampleur), son église romane de San Zeno Maggiore (imaginez un édifice religieux édifié en mémoire d'un évêque baptisé saint Zénon !), son *Castelvecchio* gothique, et ses palais Renaissance, ses maisons aux façades marquetées de marbre rouge, la deuxième ville de Vénétie atteste qu'il y eût une vie possible ailleurs qu'à Venise, non loin de Venise, voire avant Venise. Quant à Padoue, il faut la voir pour son double ciel : comme le Narrateur momentanément lassé de Venise, « après avoir traversé en plein soleil le jardin de l'Arena », il faut entrer dans la chapelle des Giotto « où la voûte entière et le fond des fresques sont si bleus qu'il semble que la radieuse journée ait passé le seuil elle aussi... et soit venue un instant mettre à l'ombre et au frais son ciel pur, son ciel pur à peine un peu plus foncé d'être débarrassé des dorures de la lumière ». Il faut tout oublier devant « ce ciel transporté sur la pierre bleuie ». Et puis repartir, passer à l'Université, voir le plus ancien théâtre anatomique d'Europe, les vestiges des fresques de Mantegna aux Eremitani, celles de la Scuola di Sant'Antonio, et mille autres choses. Et enfin, en mémoire de Stendhal, qui y soupait régulièrement à trois heures du matin, il faut aller se délasser au *Caffè Pedrocchi*, l'un des plus fameux d'Italie, et des plus incroyablement néo-classiques. Mais, me direz-vous, tenez-vous pour quantité négligeable l'enceinte de briques aux vingt-quatre tours de la médiévale Montagnana ? Les canaux, les arcades, les fresques subsistant dans des demeures particulières de Trévise ? La vue sublime, digne de Cima, qu'offre de la plaine vénitienne d'une part, et des contreforts des Dolomites de l'autre, le *Castelvecchio* de Conegliano ? La frise de fresques en clair-obscur de la Casa del Giorgione à Castelfranco ? La Strada del Vino Bianco et la Strada del Vino Rosso qui vont de Conegliano à Valdobbiadene, et de Conegliano à Oderzo ? Les collines couvertes de cerisiers en fleurs

ANGE DE L'ÉGLISE SAN ROCCO

◆ ◆ ◆

Les Dolomites

autour de Negrar, les vignes grimpantes du Soave ou de Valpolicella ? Si vous posez ces questions parce que vous avez déjà vu tout cela, c'est que vous êtes simplement désireux de le revoir. Si vous les posez parce que vous avez simplement entendu parler de toutes ces merveilles, vous êtes peut-être plus gravement atteint que vous ne pensez. Comme Gautier avant vous, vous risquez de tant aimer ce que vous allez découvrir que vous ne saurez plus vous déprendre de Venise ou de la Vénétie. Vers la fin de son séjour prolongé à toutes forces, à l'approche de l'automne, malgré des brumes matinales sur la lagune, quelque brusque averse le forçant à trouver refuge sous les arcades des Procuraties ou le premier porche venu, et la fraîcheur de la nuit, à peine prenait-il le temps d'avaler une soupe aux pidocchi, une polenta, ou une glace au café Florian. Il s'épuisait à tout regarder avidement, « quatorze heures par jour », sans désemparer. Et s'il l'avait osé, il aurait continué son inspection « aux torches ». Si vous sentez que vous êtes déjà sur la même pente, commencez par aller à Asolo, et tâchez de musarder. Et si rien n'y fait, n'allez surtout pas à Venise. Vous souffririez trop.

VENISE

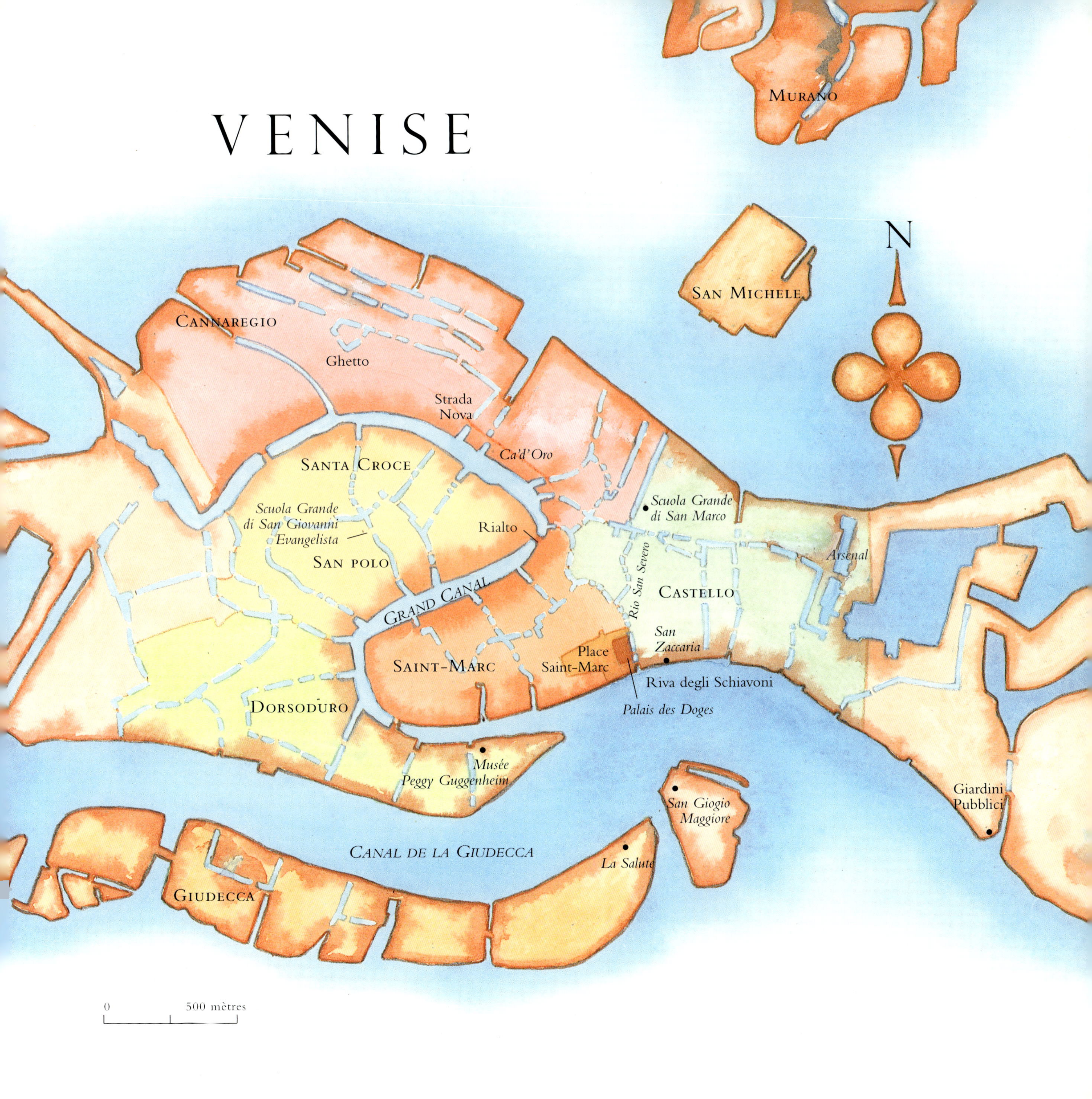
MURANO
SAN MICHELE
N
CANNAREGIO
Ghetto
Strada Nova
Ca'd'Oro
SANTA CROCE
Scuola Grande di San Giovanni Evangelista
SAN POLO
Rialto
Scuola Grande di San Marco
GRAND CANAL
Rio San Severo
Arsenal
CASTELLO
San Zaccaria
Place Saint-Marc
SAINT-MARC
Riva degli Schiavoni
Palais des Doges
DORSODURO
Musée Peggy Guggenheim
San Giogio Maggiore
Giardini Pubblici
CANAL DE LA GIUDECCA
La Salute
GIUDECCA
0
500 mètres

ROYAUME DES EAUX

S'il est au monde un royaume au bord de la mer, c'est Venise. Domaine aquatique, avec des canaux pour artères, des quais ou des ponts pour chaussées, et des palais élevés sur une plate forme composée de milliers de pieux… Cité balayée par un air iodé, pensivement mirée dans des eaux tranquilles… Paisible mirage oriental en pleine Italie… Vivant tableau, décor habité, où le voyageur a le sentiment de n'être qu'un simple passant rêvant d'éterniser toutes ses visions et tous ces précieux instants. Comme l'a dit Rilke : « Venise est un acte de foi. »

PAGES 32 ET 33 :
PALAIS DES DOGES
◆ ◆ ◆
Venise

À GAUCHE :
FAÇADE DE LA CA' D'ORO
◆ ◆ ◆
Venise

À GAUCHE :
VUE DU GRAND CANAL SUR
LA SALUTE
◆ ◆ ◆
Venise

À DROITE :
PIEUX D'AMARRAGE
◆ ◆ ◆
Burano

PAGES 38 ET 39 :
VUES DU GRAND CANAL SUR
DES FAÇADES (DE STYLE)
GOTHIQUE ET RENAISSANCE
◆ ◆ ◆
Venise

GONDOLES

◆ ◆ ◆

Venise

PONT DU RIALTO

◆ ◆ ◆

Venise

PONT DU RIALTO

◆ ◆ ◆

Venise

PONT
DU RIO SAN SEVERO
◆ ◆ ◆
Venise

GONDOLES À L'AMARRAGE

◆ ◆ ◆

Venise

VUE DE LA SALUTE SUR LE GRAND CANAL

◆ ◆ ◆

Venise

VUE SUR LE PALAIS DES DOGES ET LE CAMPANILE DE SAN GIORGIO MAGGIORE

◆ ◆ ◆

Venise

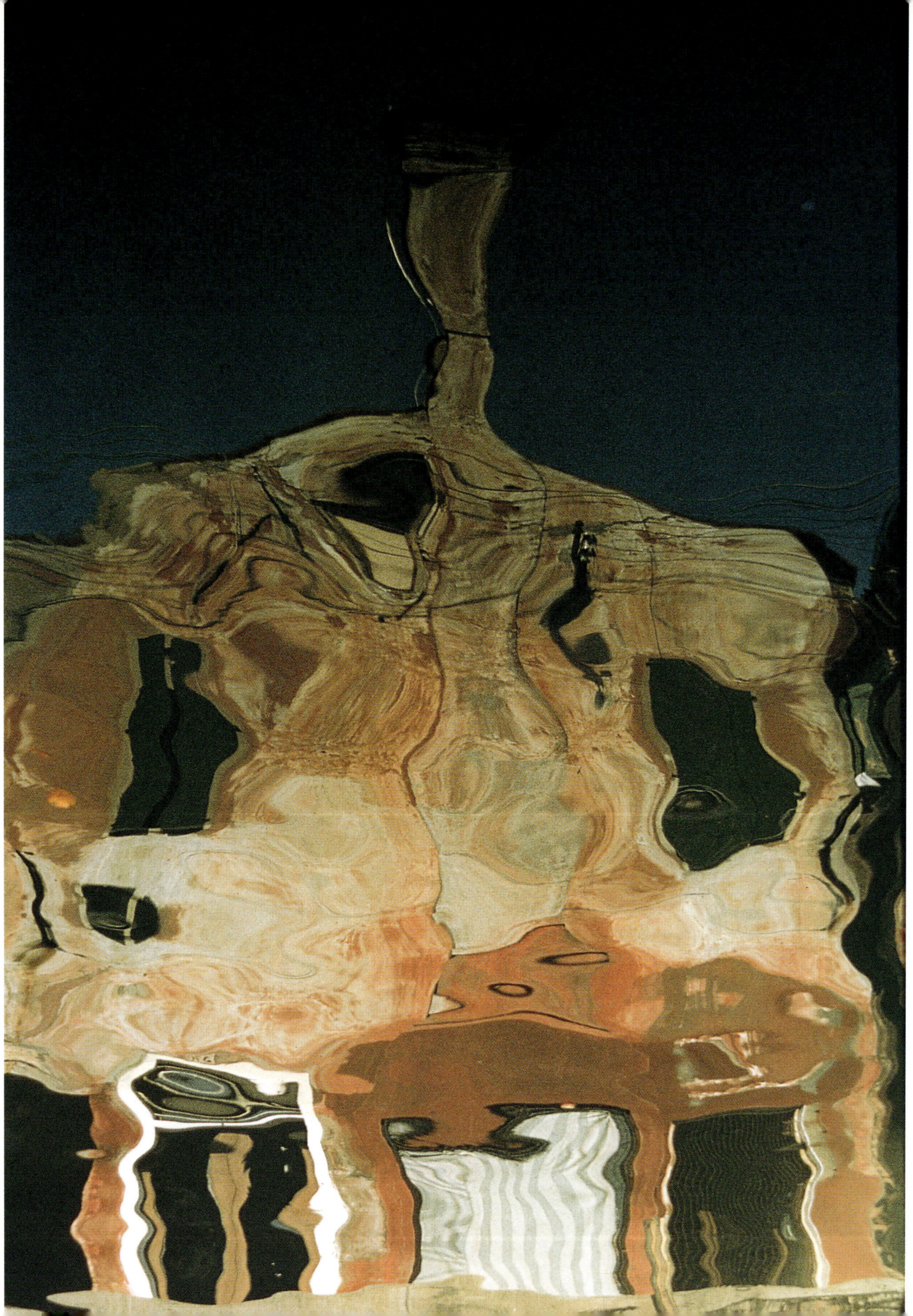

REFLETS

◆ ◆ ◆

Burano

REFLETS

◆ ◆ ◆

Venise

REFLETS

◆ ◆ ◆

Burano

REFLETS

◆ ◆ ◆

Burano

SCÈNE DE LA VIE QUOTIDIENNE MIRÉE DANS LES EAUX D'UN CANAL QUARTIER DU DORSODURO
◆ ◆ ◆
Venise

LA RIVA DEGLI SCHIAVONI
À LA NUIT

◆ ◆ ◆

Venise

COUCHER DE SOLEIL
AU-DESSUS
DE LA SALUTE
◆ ◆ ◆
Venise

SAN GIORGIO MAGGIORE
À LA TOMBÉE DE LA NUIT
◆ ◆ ◆
Venise

GONDOLES DANSANT
SUR LES EAUX

◆ ◆ ◆

Venise

PLACE SAINT-MARC

Toutes les autres places de Venise ne sont pour les Vénitiens que de modestes *campi*. À leurs yeux, seule Saint-Marc mérite le nom de Piazza. Que le jour soit naissant, éclatant ou mourant, que Venise soit sérénissime ou sombre, que la Place soit envahie ou déserte, on n'y verra que Saint-Marc. Peut-être avec les yeux de Melville : « Mosaïques dorées, clochetons, air de vacances – à croire que le Grand Turc a dressé ici son camp par un jour d'été. »

PAGES 58 ET 59 :
VUE DU CAMPANILE SUR LA PLACE
SAINT-MARC
◆ ◆ ◆
Venise

PAGE 60 :
PLUIE SUR LE PALAIS DES DOGES
◆ ◆ ◆
Venise

LE PONT DELLA PAGLIA À L'AUBE

◆ ◆ ◆

Venise

PLACE SAINT-MARC,
AU PETIT MATIN
◆ ◆ ◆
Venise

À GAUCHE :

VUE DE LA LOGGIA DU PALAIS DES DOGES

SUR SAN GIORGIO MAGGIORE

◆ ◆ ◆

Venise

CI-DESSUS :

VUE DE LA LOGGIA DU PALAIS DES DOGES

SUR LA SALUTE

◆ ◆ ◆

Venise

TERRASSE DÉSERTE
D'UN CAFÉ AU PETIT MATIN

◆ ◆ ◆

Venise

VUE DU CAMPANILE
SUR UNE TERRASSE
DE CAFÉ

◆ ◆ ◆

Venise

CI-DESSOUS ET À DROITE :

LA PLACE SAINT-MARC ENVAHIE

◆ ◆ ◆

Venise

À GAUCHE ET CI-DESSUS :

LA PIAZZETTA À LA TOMBÉE DE LA NUIT

◆ ◆ ◆

Venise

FENÊTRES

Carrées ou rondes, oblongues ou rectangulaires, défendues par des grilles de fer forgé ou des persiennes, cernées de blanche pierre d'Istrie ou encadrées de vigne vierge, les fenêtres de la cité attisent la curiosité de l'étranger curieux de l'intimité des Vénitiens… Ce n'est qu'en se penchant aux fenêtres, aux balcons et aux terrasses que l'on perçoit en Venise un balcon sur l'Adriatique…

PAGES 74 ET 75 :
FENÊTRES DONNANT SUR
LA PIAZZA DEI SEIGNORI
◆ ◆ ◆
Vicence

PAGE 76 :
FENÊTRE FLEURIE
◆ ◆ ◆
Burano

DANS LE GHETTO

◆ ◆ ◆

Venise

À DROITE EN HAUT :

CHAT AUX AGUETS

◆ ◆ ◆

Venise

À DROITE EN BAS :

FENÊTRES DONNANT
SUR LE GRAND CANAL

◆ ◆ ◆

Venise

◆ ◆ ◆

Venise

◆ ◆ ◆
Venise

FENÊTRES DONNANT
SUR LA PIAZZA BRA

◆ ◆ ◆

Vérone

BALCON SURPLOMBANT
LA RIVA DEGLI SCHIAVONI

◆ ◆ ◆

Venise

PAGES 84 ET 85 :
FAÇADE DU TEATRO OLIMPICO

◆ ◆ ◆

Vicence

FENÊTRES DONNANT
SUR LE CANAL DE LA GIUDECCA

◆ ◆ ◆

Venise

À GAUCHE :
VUE SUR UN CAMPO
◆ ◆ ◆
Venise

À DROITE :
HÔTEL MONTANA
◆ ◆ ◆
Cortina d'Ampezzo

BESTIAIRE

Bêtes réelles ou fantastiques chimères, toutes les créatures non humaines peuplant Venise composent un bestiaire hétéroclite. Devant tant de lions et de griffons, d'hippocampes et de chevaux, de dragons et de dauphins, de sirènes et de serpents, de phénix et de cygnes, de créatures de la nuit et d'animaux ordinaires, l'on sent s'estomper la frontière séparant le réel du songe, et le rêve du cauchemar…

PAGES 90 ET 91 :
SAINT-MARC ET LE LION

◆ ◆ ◆

Venise

À GAUCHE :

MONUMENT DÉDIÉ À VICTOR-EMMANUEL II

◆ ◆ ◆

Venise

LIONS GARDANT L'ENTRÉE DE L'ARSENAL

◆ ◆ ◆

Venise

À DROITE :

VUE DE LA LOGGIA DU PALAIS DES DOGES

◆ ◆ ◆

Venise

À DROITE :
LION DE LA PIAZZETTA
◆ ◆ ◆
Venise

À DROITE, EN HAUT :
LION VÉNITIEN
DE LA PIAZZA DEI SIGNORI
◆ ◆ ◆
Vicence

À DROITE EN BAS :
GRIFFON SURPLOMBANT
LA FAÇADE
DU CAFÉ PEDROCCHI
◆ ◆ ◆
Padoue

FAÇADE
DE LA SCUOLA GRANDE
DE SAINT-MARC
◆ ◆ ◆
Venise

FONTAINE DES GIARDINI PUBBLICI

◆ ◆ ◆

Venise

PALAIS DES DOGES, DÉTAIL

◆ ◆ ◆

Venise

STRADA NOVA, DÉTAIL

◆ ◆ ◆

Venise

PRÈS DU PONT DU RIALTO

◆ ◆ ◆

Venise

SAINT-GEORGES TERRASSANT LE DRAGON

◆ ◆ ◆

Venise

LIONS DE L'ARSENAL

◆ ◆ ◆

Venise

À GAUCHE :

TERRASSE DU MUSÉE PEGGY GUGGENHEIM AU BORD DU GRAND CANAL

◆ ◆ ◆

Venise

CHEVAUX
DE BRONZE
DE SAINT-MARC
◆ ◆ ◆
Venise

VISAGES
ET
MASQUES

Masques blancs ou expressifs, têtes de pierre ou faces de carton-pâte hantent une cité qui peut sembler toute en trompe-l'œil, en façades et en reflets… Cette ville serait-elle la capitale de l'ambiguïté ? Selon Georg Simmel, la chose est plus complexe encore : « Ambiguë est la double vie de cette ville, à la fois dédale de ruelles et dédale de canaux, si bien qu'elle n'appartient ni à la terre ni à la mer – chacune y apparaît tour à tour telle la vêture de Protée, derrière laquelle l'autre chatoie comme la vérité. »

PAGES 106 ET 107 :
MASQUES DE CARNAVAL EN VITRINE D'UNE BOUTIQUE
◆ ◆ ◆
Venise

À GAUCHE :
MASQUE DE CARNAVAL
◆ ◆ ◆
Venise

MASQUES DE CARNAVAL

◆ ◆ ◆

Venise

À GAUCHE :

MASQUES ET REFLETS

◆ ◆ ◆

Venise

VITRINE D'UNE BOUTIQUE

◆ ◆ ◆

Venise

MASQUES ET REFLETS
DANS LA VITRINE
D'UNE BOUTIQUE
◆ ◆ ◆
Venise

SCUOLA GRANDE DI SAN GIOVANNI EVANGELISTA,
BAS-RELIEF DU XVe SIÈCLE

◆ ◆ ◆

Venise

À DROITE, EN HAUT :
MASCARONS

◆ ◆ ◆

Venise

À DROITE, MILIEU ET BAS :
MASQUES

◆ ◆ ◆

Venise

ÎLES

Sereinement lumineuse un jour, dramatiquement agitée un autre jour, la lagune est perpetuellement changeante. Elle offre à l'œil des tableaux mouvants, sans jamais verser dans le pittoresque. Il suffit de reposer l'œil sur les couleurs vives des maisons de Burano, sur les bleus et les rouges profonds des verreries de Murano, et sur la rafraîchissante verdure de San Michele, du Lido, ou de Torcello pour pouvoir savourer toutes les nuances de la lagune.

PAGES 116 ET 117 :
CIMETIÈRE DE SAN MICHELE

À GAUCHE :
LA LAGUNE À L'APPROCHE DU COUCHANT
◆ ◆ ◆
Lagon vénitien

PAGES 120 ET 121 :
VUE DE SAN MICHELE DE BURANO
◆ ◆ ◆
Burano

HENRY MOORE

CLOÎTRE DE SAN
GIORGGIO MAGGIORE

À GAUCHE :
SAN GIORGIO MAGGIORE
SOUS LA LUNE

VERRERIE

◆ ◆ ◆

Murano

LA BASILIQUE
DE SANTA MARIA
ET SAN DONATO

◆ ◆ ◆

Murano

Cimetière de San Michele

PIERRE TOMBALE

◆ ◆ ◆

San Michele

ORANTS ET GISANTS

◆ ◆ ◆

San Michele

À DROITE :

LE GRAND CANAL

◆ ◆ ◆

Burano

CI-DESSOUS ET PAGE SUIVANTE :

VILLAGE DE BURANO

506

JOUR DE LESSIVE

◆ ◆ ◆

Burano

REPRISAGE
DES FILETS
◆ ◆ ◆
Burano

PORCHES, MURS ET FENÊTRES

◆ ◆ ◆

Burano

FLORE DU LAGON

◆ ◆ ◆

Torcello

MOSAÏQUE
DU JUGEMENT DERNIER,
DANS LA CATHÉDRALE
◆ ◆ ◆
Torcello

FENÊTRE

◆ ◆ ◆

San Pietro di Castello

L'ÉGLISE DE SAN PIETRO DI CASTELLO

◆ ◆ ◆

San Pietro di Castello

HÔTEL HUNGARIO

◆ ◆ ◆

Le Lido

PIERRE TOMBALE
DANS LE CIMETIÈRE JUIF
◆ ◆ ◆
Le Lido

VILLAS ET VILLAGES DE VÉNÉTIE

La Vénétie n'est pas la simple toile de fond, ni le simple envers de Venise. Avec ses villes, ses bourgades et surtout ses merveilles architecturales, de l'amphithéâtre romain de Vérone à l'enceinte médiévale de Montagnana, des vieilles arcades de Trévise aux villas palladiennes qui parsèment le pays, la Vénétie offre de multiples splendeurs aux voyageurs tentant d'oublier la Sérénissime.

PAGES 142 ET 143 :
VUE DU JARDIN DE LA VILLA ROTONDA DE PALLADIO
◆ ◆ ◆
Vicence

À GAUCHE :
ENTRÉE DE LA VILLA ROTONDA
◆ ◆ ◆
Vicence

LA LOGGIA DE LA BASILIQUE
DE PALLADIO

◆ ◆ ◆

Vicence

LE BALCON
DE JULIETTE
◆ ◆ ◆
Verone

JOUR DE NOCES

◆ ◆ ◆

Bassano del Grappa

PONT MÉDIÉVAL DES SCALIGERI ET LE CASTELVECCHIO

◆ ◆ ◆

Vérone

PONT DEGLI ALPINI

◆ ◆ ◆

Bassano del Grappa

AMPHITHÉÂTRE DE L'UNIVERSITÉ

◆ ◆ ◆

Padoue

ARÈNES ROMAINES

◆ ◆ ◆

Vérone

VILLA PISANI À STRA

◆ ◆ ◆

Padoue

EN HAUT :
REMPARTS
DE MAROSTICA
◆ ◆ ◆
Marostica

EN BAS :
JARDINS DE
LA VILLA PISANI
À STRA
◆ ◆ ◆
Padoue

À DROITE :
VUE DE
LA VILLA CIPRIANI
◆ ◆ ◆
Asolo

ABBAYE DU XIIIe SIÈCLE

◆ ◆ ◆

Follopica

BASILIQUE PALLADIENNE

◆ ◆ ◆

Vicence

PAYSAGES DE VÉNÉTIE

Arpenter la *terra firma*, c'est entrer de plain pied dans les paysages des toiles de Cima del Conegliano ou de Bellini… Des spectaculaires Dolomites aux douces collines entourant Asolo, des Monti Berici de la région de Vicence aux Colli Euganei des environs de Padoue, des vignes du Soave et Valpolicella aux vergers de Negrar, la Vénétie offre tout ce que l'on peut regretter, en restant fasciné devant la lagune.

À GAUCHE, PUIS PAGES 162 ET 163 :
CERISIERS EN FLEURS
◆ ◆ ◆
Negrar

CI-DESSUS :

ARBRES FRUITIERS ET FLEURS

◆ ◆ ◆

Valpolicella

À GAUCHE :

PÊCHERS EN FLEURS

◆ ◆ ◆

Vallée du Po

CERISIERS ET PISSENLITS EN FLEURS

◆ ◆ ◆

Negrar

VIGNES EN AUTOMNE

◆ ◆ ◆

Valpolicella

JARDINS DE LA MALCONTENTA

◆ ◆ ◆

Canal de la Brenta

À DROITE :

ARBRES AU PRINTEMPS

◆ ◆ ◆

Lac de Garde

VIGNES

◆ ◆ ◆

Soave

VIGNES

◆ ◆ ◆

Soave

PAYSAGE HIVERNAL

◆ ◆ ◆

Lac de Garde

PAYSAGE DES DOLOMITES

◆ ◆ ◆

Asolo

COL DE GIAU

◆ ◆ ◆

Les Dolomites

POSTFACE ET REMERCIEMENTS.

Venise est un rêve improbable de contradictions obsédantes. Elle émerge des eaux et s'enlise à la fois, ses marées lui apportent la vie et la menacent de destruction. Comme jadis, elle demeure à la croisée des échanges entre l'Orient et l'Occident. Le tourisme la nourrit et la submerge dans un même mouvement. Dans la sombre splendeur du Tintoret souverain comme à l'ombre marmoréenne d'une architecture orgueilleuse, Venise s'offre au Monde dont elle est le Musée Suprême. Ce Monde sera-t-il assez sage pour la préserver ou est-ce un miracle qui la sauvera ?

C'est en 1962 que *La Serenissima* nous est apparue pour la première fois. Durant les décennies qui ont suivi, nous y sommes revenus de nombreuses fois, comme attirés par l'aimant. Dans les pages qui précèdent, nous avons présenté notre hommage à cette ville si captivante. Amants fidèles de Venise et de sa région, nous rendont grâces au dieu qui les a créées.

◆◆◆

Nous aimerions tout d'abord remercier Grace Mayer pour l'inspiration et la joie que nous a procurées les promenades dans Venise en sa compagnie. Nos remerciements vont également à Bianca et Giovanni Gabbrielli pour leur connaissance particulière, ainsi qu'à Diane et Mario Modestini pour leurs nombreuses suggestions qui furent d'une grande aide. Nous avons apprécié l'aide et le soutien d'Edoardo Francati de l'ENIT de New York et Cesare Battisti de l'ENIT de Venise. Nous exprimons une reconnaissance toute particulière à Giampaolo Padovan pour nous avoir fourni de très précieux renseignements et nous *avoir fait sentir* comme chez nous à Venise ; comme l'a bien su faire également Marina Cecchini.

Nous sommes reconnaissants envers nos amis pour leur patience et leurs conseils, en particulier envers nos amis de The IMAGE Bank, Fran Ahders et Niki Jankulow ; ainsi qu'au grand nombre de personnes extraordinaires que nous avons rencontrées à Venise et en Vénétie : Lupi Assunta, Angelo Bianco, Dana et Tom Bulaty, Severino De Prieri et Silvano Balarin de la Fondation Cini ; le Comte Ludovico da Valmarana de la Villa La Rotonda près de Vicence ; Roberto Corrado de Serego Alighieri dans le Valpolicella ; Gabriele Carraro de l'Hôtel Burchiello ; Saschka, Stephanie et Raphaella Hoffmann ; Ziva Kraus, Katia Didona et Roberto Luison, Marinella De Moretto et Mara Filippi de Bassano del Grappa ; Sisto Menardi de Cortina d'Ampezzo ; Giano Lovato, Giorgio Spiller et Mariangela du *Mondo Novo Maschere* ; Roberto Pilla, Licia Poletto, Anna Prosdocini, Joan Reifsnyder, Sottoprova de Via Garibaldi ; Elda Tallin de San Gregorio nelle Alpi ; Tullio Vallery ; Adriana et Luciano Vistosi de Murano ; Sonja et Michele Zanini ; et les nombreux autres Vénétiens qui ont fait preuve d'amitié et nous ont aidés à élucider les mystères de Venise et de la Vénétie.

Plus qu'envers tout autre, nous sommes redevables de nos sincères remerciements envers Bob Abrams pour nous avoir offert la possibilité de réaliser notre rêve et nous avoir permis de partager *Venise et la Vénétie* avec d'autres ; à Susan Costello pour ses talents d'éditeur et qui une fois encore nous a guidés à travers les méandres de la fabrication du présent ouvrage ; à Nai Chang pour ses trésors de patience et de créativité ; et à tous nos autres amis d'Abbeville Press : Abigail Asher, Mark Magowan, Marike Gauthier, Myrna Smoot, Patricia Fabricant, Lou Bilka, Vicki Russell et Dorothy Gutterman.

Pour les photographies on pourra s'adresser à la Witkin Gallery, Inc., New York (tél. : 00 1 212 925-5510) et à Hunter Editions, Maine (tél.: 00 1 888 278-4747, numéro vert).

Sonja Bullaty et Angelo Lomeo

Les numéros de pages en italique se rapportent aux illustrations.
Les noms de lieux apparaissent en italique.